Dieter Naumann

Mönchgut

zwischen 1850 und 1950

Bibliografische Information der Deutschen Nationalbibliothek
Die Deutsche Nationalbibliothek verzeichnet diese Publikation in der Deutschen Nationalbibliografie; detaillierte bibliografische Daten sind im Internet über www.dnb.de abrufbar.

IMPRESSUM:

Autor: Dieter Naumann
Titel: Mönchgut zwischen 1850 und 1950

Einbandgestaltung: Kristian Salewski

info@edition-pommern.de
www.edition-pommern.de

ISBN: 978-3-939680-64-2

Gedruckt in Deutschland

Inhalt

Die Entwicklung

Fürst Jaromar II. von Rügen hatte das Land Reddevitz und damit den größeren Teil der Halbinsel zusammen mit der Baaber Heide 1252 dem Zisterzienserkloster Eldena bei Greifswald überlassen, angeblich für 30 Mark und die Ablösung einer dem Kloster zu zahlenden jährlichen Rente von sechs Mark. Dumm nur, dass der gleiche Fürst Reddevitz 1249 bereits dem Hause Putbus geschenkt hatte. Erst Jahre später beendete ein Schiedsspruch den Rechtsstreit und das Haus Putbus verzichtete auf seine Ansprüche - gegen eine erkleckliche Summe, versteht sich.
Den übrigen, südlichen Teil der Halbinsel (Insula Zicker) kaufte Abt Martin von Eldena 1360 für nur 3.180 sundische Mark von Familie Bonow. Seitdem hieß die Halbinsel „Mönchgut". Trennlinie zwischen geistlichem und profanem Boden wurde der sogenannte Mönchgraben, an dem jahrhundertelang kontrolliert wurde, wer nach Mönchgut wollte oder wer es verließ. Dass der Graben einst von den Mönchen gegraben wurde, gehört in das Reich der Legenden; urkundlich wurde er erstmals 1276 als vetus fossatum (altes Grabenwerk) erwähnt, 1295 wurde er als „Landwere" registriert. Er soll zu dieser Zeit 1,5 km lang gewesen sein und aus einem noch zwei bis drei Meter hohem und fünf bis sieben Meter breitem Wall aus Feldsteinen und dem Grabenaushub sowie einem südlich parallel dazu verlaufenden zwei Meter breitem Graben bestanden haben. Auf dem Wall soll sich eine Palisade oder eine dichte Dornenhecke befunden haben. Er reichte im Westen vom Selliner See bis zur Steilküste zwischen Sellin und Baabe. Der damals einzige Übergang befand sich im Bereich der heutigen Bundesstraße.
Die jahrhundertelange relative Abschottung der Mönchguter blieb nicht ohne Folgen. Carl Balthasar Schneider meinte deshalb in seinem 1823 erschienen *Reisegesellschafter durch Rügen*, Mönchgut würde „nicht wegen seiner Naturschönheiten [...], nicht wegen merkwürdiger Denkmähler der Vorzeit, sondern allein nur wegen seiner Bewohner, die Sprache, Kleidung und Gebräuche von allen sonstigen Einwohnern Rügens so auffallend unterscheidet, die Aufmerksamkeit der Reisenden" auf sich locken. Am auffälligsten war die Mönchguter Tracht; nirgends sonst gab es auf Rügen eine derart individuelle Volkstracht. Lediglich auf Ummanz und Hiddensee gab es vergleichbare Trachten, die jedoch frühzeitig verschwanden.
Als stur, verschlossen, eigensinnig, schweigsam wurden die Mönchguter oft

charakterisiert. Doch diese vermeintliche Sturheit hatte auch etwas Gutes: Traditionen, Bräuche, Trachten, Bauweise, Hausrat, Wirtschaftsweise und nicht zuletzt Sprache konnten sich über Jahrhunderte erhalten. Eine Tradition hat sich glücklicherweise nicht vererbt, nämlich die, bei Schlägereien in den Krügen gern mal das stets mitgeführte Fischermesser zu zücken. Dieser Unart sollen die Mönchguter ihren Spitznamen verdanken - „Poken“ (von „pieken“).

Karte von Mönchgut im *Grieben* von 1904 - 1905

Bevor Möchgut 1815 an den König von Preußen überging, durchlebte es beginnend im Jahre 1807 noch eine Zeit wechselnder militärischer Besetzungen u. a. durch englisch-hannoversche, schwedische, italienisch-französische, französische, bayerische, mecklenburgisch-schwerinische, holländisch-französische und erneut schwedische Truppen. Vor allem die Franzosen, die bei Mönchgut englische Landungen befürchteten, stationierten hier viel Militär, mehr, als dass dafür die Privatquartiere ausgereicht hätten. So wurden auch Kirchen geräumt und belegt.

Bis Ende des 19. Jahrhunderts lebten die Bewohner hauptsächlich von Landwirtschaft, Fischfang und Lotsentätigkeit, ehe die touristische Bäderkultur auch auf Mönchgut Einzug hielt und Ostseebäder wie Göhren, Baabe oder Thiessow bei Kur- und Badegästen immer beliebter wurden. Das ging allerdings nur zögerlich voran: Der Reiseführer von *Müller* schrieb 1886, Mönchgut sei „älteren Besuchern der Insel Rügen meist unbekannt geblieben, weil die Tour dahin wegen mangelhafter Verkehrsmittel früher mit größeren Beschwerden verknüpft war". Einige Jahre früher, 1851, hatte die *Kurze Beschreibung der Insel Rügen. Ein Führer für Reisende* noch geraten, „sich aber bei längerem Verweilen auf Mönchgut so einzurichten, daß man am Abend nach Middelhagen zurückkehrt, weil an einem anderen Orte so leicht kein Unterkommen zu finden ist [...]".

Mönchguter Tracht auf einer undatierten Karte.

Auch Ernst Moritz Arndt, der seiner Freundin Henriette Schleiermacher für deren Rügenreise unter anderem Mönchgut empfohlen hatte, warnte: „Herrlich auf einige Tage, sonst dem Ungewohnten gewiß nicht zu idyllisch sondern zu melancholisch. Auch würde es vielleicht mit den Lokalen hapern noch mehr vielleicht mit dem leichten Zugange zu den nothwendigen Lebensmitteln".

Die landschaftlichen Schönheiten von Mönchgut, die in Teilen noch immer erhaltene Ursprünglichkeit sollen hier nicht beschrieben werden, von ihnen kann sich jeder Besucher selbst überzeugen. Vorrangiges Anliegen ist vielmehr, an die Zeiten des beginnenden Badetourismus auf Mönchgut gegen Ende des 19. Jahrhunderts und seine Entwicklung bis in die 1950er Jahre anhand historischer Ansichten und ausgewählter Daten zu erinnern. Hier und da erfolgen Abstecher in frühere und spätere Zeitabschnitte.
Die abgebildeten Ansichtskarten und Fotos stammen bis auf die gekennzeichneten Ausnahmen aus der Sammlung des Autors, ihre Auswahl für dieses Buch ist subjektiv erfolgt, ebenso wie die Erläuterungen - in der Hoffnung, dass sie das Interesse der Besucher und der Einwohner Mönchguts findet.

Von Dääl, Döns und Luchte - Wohnen auf Mönchgut

Das **Hallenhaus** ist auf Rügen seit dem 12. Jahrhundert bekannt, wurde vermutlich durch Siedler aus Niedersachsen auf die Insel gebracht und war anfangs weit verbreitet. Ein Gerüst aus zwei auf Findlingen stehenden Ständerreihen trug das stroh- oder rohrgedeckte Krüppelwalmdach und teilte zugleich das Hausinnere in die breite Diele, die im Ursprungsgebiet auch Halle genannt wurde und dem Haustyp den Namen gab, und die links und rechts davon liegenden schmaleren Räume.

„Hausbau bei den Mönchgutern", undatierter Holzschnitt.

Die Wände hatten keine tragende, sondern nur eine teilende Funktion. Meist handelte es sich um Bauten mit Lehmfachwerk, die Gefache wurden mit dicken Staken ausgefüllt, durch die gedrehte Roggenstrohseile oder Strauchwerk gewunden wurde, worauf schließlich Lehm, vermischt mit Sand, Häcksel, Kalk, auch Kuhdung, aufgetragen wurde.

Die Wohnräume wurden zum Dach hin mit dick gestrichenen Lehmdecken isoliert, die Kammern und Ställe und die Diele dagegen mit Brettern und Balken belegt, wodurch zusätzlicher Stapelraum entstand.

Der Fußboden war aus gestampftem Lehm und wurde nur zu besonderen Anlässen mit weißem Sand bestreut. Vereinzelt kamen rote Mauersteine (besonders in den Wirtschaftsräumen), später Kiefernholzdielen zum Einsatz, die Küchen hatten teilweise Böden aus Kopfsteinen.

Tief herabhängende Stroh- oder Rohrdächer, niedrige Lehmwände und an beiden Seiten viereckige Ausbauten, die **Afsiden** (Abseiten) oder

Dielung in der ehemaligen „guten Stube“ (Döns) im Pfarrwitwenhaus in Groß Zicker. Gut zu erkennen ist einer der als Fundament dienenden Findlinge.

Kübbungen genannt und vom Dach mit bedeckt wurden, charakterisierten die Hausform, in der Wohnen, Vieheinstand, Getreidelagerung und Innenarbeiten unter einem Dach stattfanden. Die Afsiden oder Kübbungen ragten meist über das Mittelschiff vor und bildeten damit einen guten Witterungsschutz für die Tür, außerdem befand sich in einer der Afsiden meist der **Afftritt** (Toilette).

Das rohr- oder strohgedeckte Dach war mit schmückenden Giebelbrettern (meist nach außen schauende Pferdeköpfe) versehen, deren Bedeutung bis heute nicht geklärt ist. Alfred Haas (*Rügensche Volkskunde*, 1920) deutete sie als Hausschutz vor Hexerei und Zauberei.

Rohrdach und Afside eines Hallenhauses.

Wetterfahnen, die häufig die Mönchguter Häuser geziert haben sollen, existieren nicht mehr. Die Hausmarken, mit denen einst sämtliches Eigentum (einschließlich Vieh) auch für den Lese- und Schreibunkundigen verständlich gekennzeichnet wurde, findet man heute nur noch auf den Buntglasscheiben und einigen Grabsteinfragmenten in der Kirche von Groß Zicker, einigen in den Mönchguter Museen präsentierten Gerätschaften oder zur Dekoration, etwa an der Dorfstraße 25 in Thiessow.

Beispiele für Giebelbretter.

Heute noch in ihrer baulichen Struktur weitgehend erhaltene Mönchguter Hallenhäuser sind das Pfarrwitwenhaus in Groß Zicker und das Rookhuus in Göhren, beide in der Form eines „Zuckerhutes", sowie das 1830 mit Backsteinen ummauerte Hallenhaus in Middelhagen, nahe dem Schulmuseum. Um 1910 zählte man auf Mönchgut noch etwa zehn der alten Hallenhäuser, darunter je eins in Gager, Groß und Klein Zicker, Kleinhagen und Middelhagen, sowie je zwei in Baabe und Lobbe, hinzu kamen weitere, veränderte Häuser in Thiessow.
Die durch das ganze Haus führende **Diele** (**Dääl**) wurde vorn durch die traditionell rotbraune **Klöntür**, eine mittig horizontal geteilte Tür mit **Unnerheck** (**Unnerdör**) und **Babenheck** (**Babendör**) abgeschlossen. Der untere Teil hielt das Kleinvieh im Hause zurück, war jedoch meist mit dem so genannten Katzenloch versehen, durch den oberen kamen Licht und Luft in die fensterlose Diele. Der obere Teil wurde auch gern für einen Klönsnack geöffnet.

An der gegenüberliegenden Seite wurde die Diele mit einem hohen zweiflügligen Tor begrenzt, durch das die Erntewagen einfahren konnten. Damit wurde die Einlagerung der Futter- und Erntevorräte auf dem Dachboden wesentlich erleichtert. Später befanden sich derartige Tore vereinzelt in beiden Giebelseiten (**Durchfahrtshaus**).Dies verleitet nicht selten dazu, derartige Häuser als Scheunen fehlzudeuten. Je nach zur Verfügung stehendem Bauland (wie etwa in Mariendorf) fanden sich auch so genannte **Querdielenhäuser**, bei denen die Diele in quer zur Hausachse liegende Abschnitte unterteilt war. Zunächst bildete die Diele den Lebensmittelpunkt des Hauses: Hier stand der aus Feldsteinen gebaute Herd, hier wurde gekocht, gegessen und gearbeitet.

Später wurde der Herd zu einer Küche abgeschlossen, schornsteinlos blieben die Häuser zunächst dennoch: Der Rauch zog im so genannten **Rookhus** (Rauchhaus), der ursprünglichen Form der ländlichen Häuser auf Mönchgut, weiterhin durch **Uhlenlöcher** (Eulenlöcher) in der Giebelspitze, durch die Fenster oder die offene Tür ab, nicht ohne zuvor Gebälk und Dach und die unter ihnen hängenden Netze zu konservieren, feucht eingefahrenes Getreide zu trocknen, Schinken und andere Produkte zu räuchern und die mit der innerhäuslichen Viehhaltung unvermeidliche

Hausmarken in der Kirche von Groß Zicker und auf Fischereigerät im Rookhuus von Göhren.

„Schwarze Küche" im Rookhuus von Göhren

Insektenplage zu mindern. Die durch den Ruß verursachte dicke schwarze Verkrustung des Gebälks bildete einen gewissen Schutz vor drohender Brandgefahr. Kein Wunder, dass die Bauern bis in die Mitte des 19. Jahrhunderts den Einbau eines mit einem glockenförmigen Rauchabzug (**Wiem**) kombinierten Schornsteins verweigerten.

Später wurde der Herd aber aus Brandschutzgründen doch zu einer Küche abgeschlossen und mit dem anfangs ungeliebten Rauchabzug versehen. Da der Rauch des Herdes bis zum Abzug weiterhin offen aufstieg, war die Küche entsprechend verrußt, was ihr die Bezeichnung **schwarze Küche** einbrachte.

In der Nähe von Küche und Herd befanden sich in offenen Regalen viele der Vorräte an Lebensmitteln und Rohprodukten. In Schüsseln, irdenen enghalsigen Krügen meist mit Salzglasur, breiten Henkeltöpfen und Näpfen in unterschiedlichsten Formen und Größen standen hier Leinöl, Essig, Dünnbier, Schmalz, Sauerfisch, Schwarzsauer (eine Art süß-saure Sülze), Essigbirnen, Kürbis, Rote Beete, Essiggurken, Sauerkraut, Pflaumenmus, Sirup, Honig, Salzheringe, aber auch manche selbstgekochte Salbe für die kleinen Wehwechen. Im **Melkschap** (Schap=Schrank) wurde in irdenen Satten die Milch zum Säuern aufbewahrt, im **Brotschap** fanden auf Tellern oder in kleinen Schüsseln (**Kumms**) Brot, Schmalz, Butter, Speck und Wurst in der Nähe des Esstisches eine staubfreie und vor Mäusen gesicherte Aufbewahrung.

Diele im Rookhuus Göhren.

Beide Schränke waren mit Lüftungsgittern versehen. Hölzerne Behälter enthielten Mehl, Grütze, Salz und Zucker. Speck und Würste hingen an einer Art Gestell am Rauchfang, die Salzheringe wurden in einer Tonne hinter der Tür gelagert. Ständer enthielten nicht benötigte Herdringe, schmiedeeiserne Herdrösten, den Herddreifuß und andere Gerätschaften wie etwa die geschnitzten oder gedrechselten Holzformen für die Zubereitung von „bunter", d. h. ausgeschmückter Butter. Kartoffeln, Wurzeln, Rüben und Runkeln waren in den Wintermonaten in einer Ecke der Diele unter einem hohen Haufen aus Erde und Stroh vor dem Erfrieren geschützt.

Da es in strengen Wintern selbst in der Nähe des Herdes oft nur wenig wärmer war als außerhalb, löste im Laufe des 18. Jahrhunderts der heizbare und einzige rauchfreie Wohn-, Schlaf- und Arbeitsraum (**Döns**, **Düns** oder **Dünse** genannt) die Diele als Mittelpunkt des Hauses ab, die aber weiterhin zum Arbeiten und Feiern gut geeignet war.

Der aus Lehmsteinen gefertigte oder gekachelte Ofen der Döns wurde von der Küche über ein Heizungsloch durch Beilegen von Holz oder Torf beheizt (deshalb die Bezeichnung Beileger, **Bilegger**), der Rauchabzug erfolgte ebenfalls über die schwarze Küche.

Die Döns hatte niedrige Decken und kleine Fenster, die kaum geöffnet wurden, um die Wärme zu halten. Anfangs ließen sich die eingenagelten oder eingeklebten Fenster gar nicht öffnen. Statt Gardinen bildeten Topfpflanzen, wie Pelargonien und Myrten, den einzigen Schmuck der Fenster.

Vor allem nach den langen Wintermonaten, wenn die Stube überheizt war und sich der Dung der Tiere mehr und mehr angesammelt hatte, dürfte die Luft für Außenstehende fast unerträglich gerochen haben.
In der Döns versammelte sich die Familie zur Hauptmahlzeit um den Tisch herum, wobei die Kinder stehen mussten. Meist handelte es sich um Klapptische, bei denen die beiden äußeren Teile der Tische abgeklappt werden konnten. Am Tisch waren teilweise Lederschlaufen angebracht, in die nach dem Essen die sauber abgeleckten, meist selbst geschnitzten Holzlöffel eingesteckt wurden; ansonsten nutzte man die in der Büx (Hose) oder im Rock mitgeführten Klappmesser zum Essen. Dass das Messer zuvor bei allen möglichen Arbeiten im Haus, auf dem Feld oder beim Fischen zum Einsatz gekommen war, spielte keine Rolle. Gabeln waren unbekannt.
Die Einrichtung war zweckmäßig und karg zugleich, oft selbst angefertigt, meist rotbraun, vereinzelt auch mattbläulich gestrichen und hatte auch bei wohlhabenden Bauern keine Verzierungen. Den einzigen Schmuck bildete allenfalls das bunte Bettzeug, das als Zeichen des Wohlstandes gern gezeigt und bei Festlichkeiten sogar mit farbigen Schleifen bestückt wurde. Die räumliche Enge erforderte möglichst raumsparendes und vielseitig verwendbares Mobiliar. So schliefen die Eltern (oft gemeinsam mit den Kleinkindern) auf Ausziehbetten (**Uttreckbett**), die am Tage zusammengeschoben wurde. Eine Art Wiege für die Kleinstkinder, bei Bedarf auch für die größeren, bestand aus einem grob gezimmerten, zusammenklappbaren Bettgestell mit gekreuzten Beinen und dazwischen gespannter Stoffbahn (**Schrach** oder **Schrage**).

Nachbildung einer Küche im Heimatmuseum Göhren.

Auf der **Sloop-** oder **Schlapbänk** schliefen mindestens zwei Kinder gemeinsam. Die Bank diente tagsüber als Sitzmöglichkeit am Esstisch. Der ausziehbare bzw. aufklappbare Kasten der Bank enthielt das Bettzeug und Stroh oder Heu, hier schliefen häufig auch die größeren Kinder. „Ab in die Kiste“ stammt vermutlich von dieser Schlafstelle.

Andere Sitzmöbel waren einfach Wandbänke, Pfostenstühle oder Schemel. Stühle waren oft nur in wenigen Exemplaren vorhanden und dem Hausherrn und der Hausfrau oder einem fremden Gast als Ehrenplatz vorbehalten.

Meist selbstgezimmerte Truhen und Kisten (auch Koffer oder Lade genannt) dienten als Behältnismöbel für die Kleider, das selbstgewebte Bett- und Tischzeug, die diversen Stoffvorräte, den Schmuck und wertvolle Familienurkunden. Schränke und Kommoden kamen erst in der zweiten Hälfte des 19. Jahrhunderts „in Mode“. Da, wo Kommoden vorhanden waren, standen sie häufig zwischen den Fenstern, waren meist mit keramischen Nippes bestückt, und bildeten mit billigen Lithographien an den Wänden ein regelrechtes Ensemble. Weitere Einrichtungsgegenstände waren die sogenannte **Schenk** oder **Schänk** (ein pyramidenförmiges Eckwandbrett mit drei Etagen, das etwas übertrieben als „Anrichte“ bezeichnet wurde) oder das **Kann`buurd** (ein „normales“ Wandregal), auf denen Gläser, Flaschen, die Hochzeitskrüge und eventuell Mitbringsel von den Schifffahrten aufbewahrt wurden, Spinnrad mit Spinnstuhl (**Spinnstaul**), Webstuhl (**Wäwerstell**) und andere Werkzeuge und Geräte mussten ebenfalls in der Döns Platz finden.

Haubuß im Göhrener Rookhuus.

Gegenüber der Döns befand sich oft ein unbeheizbarer Wohnraum (die **Lucht**), der im Sommer genutzt wurde. Kammern, Ställe und Werkstatt (**Haubuß**) und Gesindekammer waren die weiteren Räume in einem Hallenhaus.

Anfangs stand den Bewohnern nur das Licht der Leinöllampe mit Schafwolldocht oder das der Bienenwachskerze im Messingleuchter als Beleuchtung zur Verfügung.

Nicht unerwähnt bleiben darf der so genannte **Sod**, ein Brunnen, der anfangs zu jedem Haus gehörte.

War kein Brunnen am Haus, mussten die Frauen das Wasser mühsam herantragen.

Für Einzelgehöfte war über viele Jahre hinweg der Brunnen die einzige Form der Wasserversorgung – hier auf einer undatierten Karte.

Karl Nernst, der Rügen 1797 bereiste, war des Lobes voll darüber, wie die Mönchguter ihre Wohnungen einrichteten: „In ihren Wohnungen sieht es nett und reinlich aus. Allenthalben findet man das Nützliche dem blos Angenehmen vorgezogen, ohne jedoch auch das Letztere ganz zu vermissen. Ich trat in keine Bauer- oder Fischerstube, wo ich nicht eine Stubenuhr fand, welche nicht selten der Besitzer selbst verfertiget hatte. Oben in den Zimmern erblickt man eine Reihe irdener Geschirre auf einem rothen Simse, mehrentheils Geschenke, welche die Freunde ihnen am Hochzeittage verehren. Unter diesem Gesimse hängen bunte Krüge; und dies alles schmückt ein großes weißes Handtuch, welches von der Decke bis zum Fußboden sorgfältig aufgepumpt und gefaltet herunterfließet. Ueberhaupt ist das Glück eines mittelmäßigen Wohlstandes allenthalben unverkennbar“.

Von den bisher beschriebenen Häusern der Fischer und Bauern unterschieden sich außer dem mehrfach umgebauten Gutshaus von Philippshagen auch

die Häuser der Büdner und Häusler. Existenz und Größe der Räume oder Nebengelasse für landwirtschaftliche Produkte und Vieh fielen wesentlich geringer aus oder fehlten ganz, die Innengestaltung der Häuser war in der Regel wesentlich bescheidener. So sollen die Wohnungen in den Katen der landlosen Tagelöhner (oft als Reihenhäuser mit jeweils mehreren Wohnungen gebaut) meist nur drei Räume aufgewiesen haben: Einen durch einen Ziegel- oder Lehmsteinofen beheizbaren Hauptraum (Stube), der zugleich als Schlafraum für das Tagelöhnerehepaar diente, eine unbeheizbare Kammer, die oft als Schlafraum für die Kinder diente, und einen breiten Eingangsflur, als einziger Raum mit Ziegeln ausgelegt, der zugleich als Küche genutzt wurde. „Natürlich" war die Ausstattung mit Mobiliar häufig primitiv, nur den notwendigsten Bedürfnissen genügend und schmucklos.
Auch die Häuser der Schiffseigner, Steuerleute und Kapitäne, sowie der staatlicher Beamten (Lotsen, Zöllner, Fisch- und Hafenmeister etc.) unterschieden sich bald durch Form, Bausubstanz und Innenausstattung von den Häusern der Bauern und Fischer.
Lediglich die Häuser der Matrosen und anderen „niederen" Fahrensleute glichen äußerlich und in der Grundsubstanz denen der Bauern und Fischer.

Am linken Bildrand ist eine Frau beim Wassertragen in Alt Reddevitz zu erkennen. Das Tragegestell wurde „Dracht" genannt. Die Karte wurde im Juli 1936 verschickt.

Der Ausschnitt aus dem undatierten Stich „Bilder von Mönchgut. Nach Originalskizzen von F. Iwan“ zeigt das Innere eines Mönchguter Rookhuuses.

Im Inneren aber versuchten sie es den Eignern, Kapitänen und Steuerleuten gleichzutun und sich von den „Buern, Schaustern und Schniedern“ abzugrenzen. Allerdings mussten sie sich an Stelle der Schiffsbilder der Kapitäne mit selbstangefertigten Schiffsdarstellungen auf Muscheln, Schneckengehäusen oder hölzernen Haushaltgegenständen (Mangelbretter, Webekämme, Flachsschwingen und ähnliches), kolorierten Lithografien sowie Halbbildern und Buddelschiffen begnügen; statt der englischen oder japanischen Service mit bis zu 96 Einzelteilen in den Kapitänshaushalten besaßen sie meist nur Einzelstücke oder die Pudel-, Mops- oder Spanielpaare aus englischer Keramik (Staffordshirefiguren), die sich während der Schiffsreisen zwischen der Schmutzwäsche in der Seekiste oder im Zeugsack transportieren ließen.
Mit der Erweiterung der landwirtschaftlichen Produktion machte sich die räumliche Trennung von Mensch, Tier und Wirtschaft notwendig. Wo man es sich leisten kann entstehen „reine“ Wohnhäuser, die zusammen

mit gesonderten Schuppen, Scheunen und Ställen dreiseitige Hofanlagen bildeten, zur Straße hin oft mit Trockenmauern aus Lesesteinen abgegrenzt. Schöne Beispiele dafür findet man in Groß Zicker.

Die undatierte Karte zeigt ein typisches Mönchguter Fischerbauernhaus, hier bereits mit Schornstein.

Auch äußerlich kommt es zu Veränderungen der Häuser: Als genügend Ziegeleien produzierten und das Eichenholz für das Fachwerk knapp wurde, ging man zunehmend zur Ziegel-/Backsteinbauweise über. Weitere Gründe lagen im besseren Brandschutz und wohl auch darin, dass dem Fachwerk bald der Makel der Ärmlichkeit anhaftete. Die Folge waren oft nur an der Straßenfront verputzte oder mit Mauerwerk verblendete Häuser, deren seitliche und hintere Wände weiterhin das Fachwerk erkennen ließen. Die Stroh- oder Rohrdächer werden schrittweise durch Pappdächer ersetzt oder es kommt „hartes Material" (zunächst meist Zementsalzziegel) zum Einsatz. Mit dem aufkommenden Fremdenverkehr boten sich neben oder gar außerhalb von Landwirtschaft und Fischerei leichtere Verdienstmöglichkeiten. Die Folge waren teilweise Zerstörung der gewachsenen Dorfstrukturen, vielfach Abriss der traditionellen Häuser, nachdem sie noch einige Zeit als Quartiere für die Badegäste gedient hatten, zu Gunsten nüchterner Zweckbauten, von denen einige durch Balkone, Veranden und die verschiedensten Zierelemente zur so genannten Bäderarchitektur „aufgehübscht" wurden.

„Die Mönchguter sind fleissige, erwerbsame Leute […]“ – Landwirtschaft, Fischerei, Handwerk

Die Zisterziensermönche führten auf Mönchgut ein recht strenges Regime; fremde (städtische) Handwerker und andere Gewerbe als Ackerbau und küstennahe Fischerei waren lange Zeit nicht erlaubt, wie auch der Handel mit dem „Rest“ von Rügen nicht gestattet wurde. Es sei denn, der klösterliche „Hofmeister“ erteilte die Genehmigung, aber auch dann besaß das Kloster Vorkaufsrecht. So trat auf dem lokalen Viehmarkt im Herbst der Hofmeister zunächst als einziger Kunde auf, ehe auch die anderen Händler in Aktion treten durften. Die den Zisterziensern untertänigen Klosterbauern „mussten nicht nur pflügen, misten, säen, eggen, mähen, binden und einfahren, sie mussten auch alle Wände, Einfriedungen, Zäune und Hackelwerke machen, auch den Mist aus den Ställen bringen, Holz hauen, fahren und in Stapel setzen, sie mussten alle Gehölze und Höfe hegen und beaufsichtigen und aufpassen, dass niemand Hart- oder Weichholz ´schädigte´“ – so schilderte es um 1530 Matthäus von Normann im *Wendisch-rügianischen Landgebrauch* (sinngemäß zitiert in *Mönchgut. Eine Landschaftsstudie*). Auch das Bierbrauen mussten die Klosterbauern selbst besorgen.

Gern verdienten sich die Mönchguter ein kleines Zubrot und posierten vor den Fotografen in ihrer traditionellen Kleidung und bei typischen Tätigkeiten - hier bei der Verarbeitung von Flachs.

Dies führte nicht nur zur weitgehenden wirtschaftlichen Autonomie Mönchguts, sondern auch dazu, dass seine Bewohner viele der für den Eigenbedarf erforderlichen Rohstoffe selbst herstellten.
Äußerlich sichtbar wurde dies vor allem an der Kleidung, die von den Mönchgutern aus der Wolle der selbst gezüchteten rauwolligen Pommernschafe und dem selbst angebauten Flachs hergestellt wurde.

An die Flachsherstellung erinnerten Flurnamen wie „Bleiksee", „Bleiklöck" und „Rötgraben"; hier wurden die Flachsstengel gebleicht, ausgelaugt und mürbe gemacht, wobei sich das Wasser rot färbte. Zur Woll- und Flachsbearbeitung besaß fast jeder Haushalt Spinnrad und Webstuhl. Immerhin gab es 1817 auf Mönchgut in 137 Häusern 108 Webstühle, ein Spinnrad besaßen alle Familien. Es durfte nie stillstehen, sonst drohte der Familie Kleidungsmangel.

Mönchguter mit dem eigenen Webstuhl, hier für das Foto vor das Haus geholt.

Viele Werkzeuge wurden selbst hergestellt, wobei die Mönchguter durchaus eine gewisse Meisterschaft erreichten, nicht zuletzt in der künstlerischen Gestaltung. So wurde nirgendwo anders ein ähnlich ästhetisches Aussehen z. B. der Flachsschwingen und Webbretter erreicht. Nur wenn im Ort ein der Tischlerei, Schreinerei oder Schmiedekunst geübter Mitbewohner wohnte, überließ man ihm die Herstellung von Geräten und Werkzeugen oder zog ihn zumindest hinzu.

Die wohl eigentümlichste Herstellungsmethode betraf die Salzgewinnung: Kräuter und Gräser der vom Meerwasser überfluteten Salzwiesen wurden gesammelt und verbrannt, aus der verbleibenden Asche laugte man Salz heraus. Der Flurname „Füerhierd" bei Lobbe deutete auf diese spezielle Methode hin.
Das Brot- und Futtergetreide wurde anfangs in der Diele des Hallenhauses ausgedroschen, die Weiterverarbeitung erfolgte in den einst zahlreichen, die Landschaft mitprägenden und von den Fischern und Schiffern teilweise als Landmarken genutzten Mühlen. Mönchguttypisch waren Bock- und Holländer-Windmühlen. Aber auch hier gab es kleinere Mühlen, etwa zur Schrotherstellung (wie der originale Nachbau im Mühlenpark Altensien), die in Eigenbau hergestellt wurden und mit denen man die strengen Vorschriften des Mühlenhandwerks umgehen konnte. Um 1900 soll es auf Mönchgut noch acht Mühlen gegeben haben.
Auffällig war die relativ hohe Anzahl von Mühlen, die durch Brände zerstört wurden. Neben Naturereignissen und heiß gelaufenen Mahlsteinen vor allem bei Sturm dürfte in Einzelfällen auch Brandstiftung dafür verantwortlich gewesen sein.

Einen Überblick über die Entwicklung einiger Mühlen und Müller von Mariendorf, Middelhagen, Kleinhagen, Alt Reddevitz, Gager, Groß Zicker und Thiessow gibt die informative Ausstellung im Mühlenpark von Altensien.

Die Milcherträge waren, wie auch in anderen Teilen Rügens, häufig niedrig, weil die Kühe bis weit ins 20. Jahrhundert hinein vorrangig als Zugtiere vor Pflug und Wagen eingesetzt wurden. Die für den Eigenbedarf bestimmte Milch wurde teilweise zur Buttergewinnung genutzt. Erst mit zunehmender Technisierung (z. B. Ersatz des bis um 1920 eingesetzten Stampfbutterfasses), besseren Transportmöglichkeiten durch Reichsbahn, Kleinbahn und Lastkraftwagen und günstigeren Absatzmöglichkeiten durch den einsetzenden Fremdenverkehr stieg die Milchgewinnung an.

Die Bockwindmühle von Alt Reddevitz auf einer undatierten Karte

Anfangs war die Bienenzucht weit verbreitet; ab 1890 gab es auf Mönchgut einen Bienenzuchtverein, dessen Mitglied Karl Damp mit 100 Bienenstöcken der „Immenkönig“ war. Mit dem Rückgang des Buchweizenanbaus ging den Bienen jedoch die Nahrungsquelle aus: Die Buchweizengrütze, ursprünglich eines der wichtigsten Nahrungsmittel und Hauptgrund für den Buchweizenanbau, wurde durch die Kartoffel verdrängt.

Johann Jacob Grümbke konnte bereits 1795 feststellen, dass Kartoffeln „in ungeheurer Menge gebauet werden, da sie eine Lieblingsspeise des geringen Mannes sind“. Der Kartoffelanbau war auf den sandigen Äckern Mönchguts durchaus nicht unproblematisch. So gab man zur Bodenverbesserung in die Pflanzlöcher Kuhdung oder frischen Seetang (Blasentang).

Wohl jede bäuerliche Wirtschaft auf Mönchgut besaß Werkzeuge für die Torfgewinnung, mit denen an sumpfigen Stellen das begehrte Brennmaterial als Ausgleich des durch Raubbau und extensive Beweidung entstandenen Holzmangels gewonnen wurde. Einige kleine rechteckige Wasserflächen auf dem südlichen Wiesengelände von Göhren hießen deshalb „Törf“.
Viele Eigenheiten der Landwirtschaft Rügens waren auch für Mönchgut zutreffend – mit einer Ausnahme: Rittergüter gab es auf Mönchgut nicht,

hier war die Bauernwirtschaft prägend. *Mönchgut. Eine Landschaftsstudie* nennt als Beispiel den Vollbauern Michel Runge in Lobbe, der 1736 acht Pferde, sieben Milchkühe, drei Sterken, sechs Kälber, 12 Schweine, acht Schafe und Federvieh hielt sowie jeweils 18 Scheffel Roggen und Gerste, sechs Scheffel Hafer und drei Scheffel Erbsen säte.

Dennoch wurden auch die Mönchguter Bauern in den langen Jahrhunderten der Leibeigenschaft stark belastet durch die verschiedensten Hofdienste für den Gutshof Philippshagen. Der Gutshof war u. a. durch das Legen von fünfzehn Bauern und Kossaten des ehemals zum Klosterbesitz gehörenden Dorfes Grotenhagen durch den damaligen herzoglichen Amtmann Joachim von Scheele entstanden.

Kartoffelernte auf Mönchgut. Die Karte wurde im Juni 1911 verschickt.

Die schwedischen Landvermesser listeten die Dienste 1694/95 auf: „In der erndte die volle pauer alle tage mit 2 persohnen und beim einführen mit 3 persohnen und darzu pferde und wagen. Die halbe pauer alle tage mit einer persohn, beim einführen aber machen 2 einen wagen auss und darzu 2 persohnen. Die käter über alle tage mit einer persohn. In der sommer saath pflügen die pauer 4 tage der wochen, und wen sie dass ihrige ein, alle tage. Die halbpauer 2 zusammen, und ist dem pauren gleich. Die übrige zeit dienen sie wochentlich 3 tage zu verführung kornes über eys und landt, und allerley wass bey dem hoffe zu verrichten."

Die entsprechende Zeit fehlte für die eigene Wirtschaft der Bauern, ganz abgesehen von der Beanspruchung von Mensch, Tier und Gerät. Damit war es aber noch nicht getan: Pachtgelder für Hof und Acker waren zu zahlen, Naturalien mussten geliefert werden (Aale, Heringe, Schmalzzehnt, Bienenzehnt, ein Rauchhuhn pro Herdstelle, Flachs und Hede waren zu spinnen).

Das Forsthaus Mönchgut bei Göhren bot Wanderern Getränke und regulierte aber auch den bis dahin teilweise verantwortungslosen Umgang mit den Holzbeständen in den Wäldern.

Erst nach 1810, mit dem Übergang zu bezahlten Dienstleistungen und Pachtverhältnissen konnten sich die Bauern stärker ihren eigenen Wirtschaften widmen und konnten auf Geräte und Tiere, die ursprünglich für die Dienste auf dem Ackerwerk Philippshagen benötigt wurden, verzichten. 1847 wurden nach preußischer Vermessung der Ländereien die 48 Mönchguter Bauern und 96 Büdner „eigentümliche und erbliche Besitzer" ihrer Gehöfte. Eine Bauernstelle von 15 bis 17 ha. kostete etwa 1.000 Taler, eine Büdnerstelle von etwa einem Hektar ca. 150 bis 220 Taler, die an den preußischen Fiskus zu zahlen waren.

Dennoch veränderte sich die wirtschaftliche Situation der Bauern nur langsam; insbesondere die Kleinbauern nutzten bis hinein ins 20. Jahrhundert die überlieferten Geräte wie den Beetpflug mit Radvorsatz, den Schwing-

und den Häufelpflug, die Egge, die sie anfangs häufig selbst herstellten. Lediglich die Radherstellung war Sache des Stellmachers, der später auch die anderen Holzarbeiten übernahm, ebenso wie der Schmied, der die eisernen Teile fertigte. Die Einführung moderner Geräte und Maschinen wurde teilweise argwöhnisch beäugt: Als sich der Göhrener Wilhelm Brandt, der die Wirtschaft seines Schwiegervaters Martin Pisch führte, den ersten Eisenpflug kaufte, quittierte dies Pisch mit den Worten „Nobel geht die Welt zugrunde“ und soll sich eine halbes Jahr lang nicht mit seinem Schwiegersohn unterhalten haben.
Modernere Geräte, Maschinen und Saisonarbeitskräfte (Schnitter) konnten sich kleinbäuerliche und nebenbetriebliche Wirtschaften kaum leisten. Büdner und Häusler waren deshalb häufig auch die ersten, die sich mit dem beginnenden Erholungswesen, beim boomenden Chausseebau oder vor allem auf dem Festland in der sich entwickelnden Industrie neue Verdienstmöglichkeiten zu erschließen suchten.
Die Mönchguter Bauern und Büdner mussten nach 1945 mit wenigen übernommenen Maschinen auskommen, während die etwa 23 Neubauernstellen der aufgesiedelten Domäne Philippshagen durch die volkseigene Landmaschinenindustrie versorgt wurden.
Staatliche Wirtschaftsauflagen und Soll-Abgaben waren erheblich und zogen bei Nichterfüllung empfindliche Strafen nach sich. Die Neubauern waren oft ohne jede Erfahrung mit der Landwirtschaft, konnten deshalb ihr Soll kaum erfüllen, flohen teilweise in den Westen und ließen die Höfe unversorgt zurück. Nicht selten mussten dann Arbeiter eingesetzt werden, um wenigsten das Vieh zu versorgen. Arbeitskräftemangel führte auch zum Einsatz von Erntehelfern, die selten Lohn erhielten, sondern für Verpflegung und Unterkunft arbeiteten.
Maschinen-Traktoren-Stationen (MTS), die nicht immer freiwillige Gründung von Genossenschaften (1958 wurde die erste LPG Typ I in Alt Reddevitz gegründet, im März 1960 war die Landwirtschaft von Mönchgut genossenschaftlich organisiert) waren weitere Stichworte der folgenden Entwicklung der Landwirtschaft.

Ursprünglich sollte die Fischerei auf Mönchgut nur zusätzlich zur Landwirtschaft betrieben werden, da laut einem Inspektorenbericht von 1666 das Acker- und Weideland nur „alles Rusch und Busch, Sand und Grand”, also wenig ertragreich sei. Die Fischerei beeinflusste die

Landwirtschaft teilweise erkennbar: So wurden landwirtschaftliche Geräte, wie etwa Ackerwagen, Holzpflüge und -eggen ähnlich wie die Fischerboote geteert, Aalhaut wurde bei Dreschflegeln eingesetzt, Netzreste dienten zur Einfriedung von Bauerngärten und Mieten oder als „Zäune" für die Kleinviehhaltung.

Die im Juni 1902 verschickte Karte zeigt Göhrener Fischer bei den Vorbereitungen zum Fischfang. „Hier ist es wunderschön, gestern waren wir in Sellin, heute regnet es etwas, dies schadet jedoch nichts." Die Absenderin wohnte in der Villa M. Koos in der Strandstraße.

Im Vordergrund stand die Heringsfischerei, für die spezielle Umschlagplätze eingerichtet wurden, die so genannten Vitten, an denen der Fisch angelandet, eingesalzen und verpackt wurde. Vitten gab es auch auf Mönchgut, so Vitte/Wangernitz zwischen Lobbe und Nordperd bei Göhren, die 1663 durch eine Sturmflut zerstört wurde und an die nur der Flurname „Vittenstiech" im Bereich des Bakenberges erinnert. Fischer dieser zerstörten Vitte gründeten möglicherweise den zweiten Ortskern von Göhren, zu dem das Rookhuus gehört. Weiterhin existierte eine 1872 durch Sturmflut zerstörte Vitte zwischen Thiessow und Klein Zicker.

Thiessower Fischer auf einer undatierten Karte.

Etwa ab 1829 stellten die preußischen Finanzbehörden das Salz zollfrei zur Verfügung. Zur Aufbewahrung und zum Einsalzen (Einbeuckeln) wurden extra feste Salzhäuser (Soltschuppen) mit verplombten „Soltkammern" gebaut, so in Lobbe, Kleinhagen, Groß Zicker, Mariendorf, Baabe und Göhren. Allerdings belegte die Regierung die Nutzung der Salzhäuser an der Ostseeküste mit Steuern. Die cleveren Fischer von Mönchgut umgingen das, indem sie ihre Salzhäuser an die Boddengewässer verlegten. Durch die späteren Verbesserungen der Verkehrswege und andere Konservierungsmöglichkeiten verlor das Einsalzen etwa ab 1890 zunehmend an Bedeutung.

Zunächst dürfte die Fischerei ausschließlich als Einzelfischerei betrieben worden sein. Die Boote, die bei dieser dörflichen Fischerei zum Einsatz kamen, wurden anfangs ohne einen Schiffszimmermann praktisch auf der grünen Wiese erbaut. Ein gesonderter Schiffsbauplatz und ein Schiffszimmermann hätten zu hohe Kosten verursacht.

Um jedoch die Kosten für die größeren Fischfanggeräte und Boote, aber auch die Mühen ihrer Handhabung teilen zu können, schlossen sich die Fischer frühzeitig zu Gemeinschaften (Kommünen, Kommunen, Partien oder Kompagnien) zusammen, die häufig auch ihre festen Fangplätze behaupteten.

Gar nicht selten gab es Streitigkeiten über die Reusenplätze (Lagden genannt). So beschwerten sich 1856 die Fischer von Baabe beim Oberfischmeister in Stralsund über eine Reuse der Fischer von Moritzdorf und verwiesen darauf, dass sie ihre Reuse schon seit 24 Jahren in der Baaber Bek setzten. Die Gemeinschaften trugen häufig Namensvorsätze, die den gemeinsam bewirtschafteten Gegenstand betrafen (also z. B. Boots-, Garn- oder Reusenkommüne) oder so genannte Ökelnamen (z. B. „de Olln" in Baabe, „de Buern" und „de Büdners" in Alt Reddevitz).

Weg zum Göhrener Süd- oder Fischerstrand mit dem alten, nach 1815 erbauten Salzhaus. Die Karte wurde im August 1929 verschickt.

Die Zahl der Mitglieder war unterschiedlich, richtete sich zumeist aber nach Art und Anzahl der eingesetzten Fanggeräte. So waren für ein großes Zugnetz in der Regel acht Fischer (vier an jedem Flügel) notwendig, bei der Reusenfischerei richtete sich die Mitgliederzahl nach der Anzahl der gesetzten Reusen (dementsprechend gab es Reusenkommünen von drei bis vier Mitgliedern, in Göhren bis zu 34 Mitgliedern). Vor allem in vielen Dörfern Mönchguts waren Fischerkommüne und Dorfgemeinschaft praktisch identisch, der Dorfschulze zumindest Mitglied oder gar der Wortführer der Kommüne.

Bootsbauer auf einer undatierten Karte.

Die Arbeitsverteilung regelte sich über die Jahrzehnte nach mündlich überlieferter Tradition, erst ab den dreißiger Jahren des 20. Jahrhunderts verlangte die Bürokratie nach schriftlichen Statuten. Meist musste jedes Mitglied einen Geldbetrag und einen Teil des notwendigen Gerätes beisteuern, z. B. einen Teil des Netzwerkes selbst knüpfen, die fertigen Stücke teeren und laufend instand halten. Von der Gemeinschaftsarbeit durfte sich keiner ausschließen, wer zu spät kam oder fehlte, musste anfangs eine Buddel ausgeben, später einen Geldbetrag einbringen.

Der Absatz des Fanges erfolgte zu einem geringen Teil in den Nachbardörfern, wohin die Fische meist mit Schubkarren transportiert wurden, zum größten Teil jedoch an Händler und auf Märkten u. a. in Greifswald und Stralsund. Es existierten jedoch auch bald „Fischverwertungsgenossenschaften", die den Fischern nicht nur den Handel abnahmen, sondern auch die Fanggeräte beschafften.

Die schwierigste Zeit für die Fischer waren meist die Wintermonate, in denen sie mit ihren Booten nicht hinausfahren konnten und die Eisfischerei nur magere Erträge, oft nur den Eigenbedarf an Fischen brachte. Wer konnte, suchte sich einen Nebenverdienst, zum Beispiel das Stechen (Werben) von Eisblöcken für die Brauereien zum Kühlen des Bieres. Auch hierbei hielten die Mitglieder der Kommunen zusammen.

In einem Bericht des Fischmeisters Sengbusch vom 19. April 1914 wurden die Fischer(bauern) wenig schmeichelhaft beschrieben: „Es ist weltbekannt, dass die Mönchguter Fischer bei Ausübung der Fischerei sich nicht gerne weit von Hause wagen und am liebsten dicht vor der Haustür fischen. Würden selbige die Fischerei in dem Maßstabe ausüben, wie andere Fischer das ganze Jahr müssen, so würden sie auch mehr verdienen. Aber alle streben nach mehr Land, um möglichst ganz zu Hause zu bleiben."

Die „Reusen Compagnie Thiessow" mit einer von der „Mechanischen Netzfabrik Schroeder & Moegelin Landsberg a. W." gewidmeten Fahne auf einer undatierten Karte (um 1905?). Besitzer der einst im heutigen Gorzow Wielkopolski beheimateten Netzfabrik waren Gustav Schroeder und Wilhelm Moegelin.

Anfang der 1930er Jahre verschlechterte sich die Lage der Fischer. „Der einzige Verdiener bei der Fischerei ist der Netzfabrikant", hieß es sarkastisch. Neben den naturbedingten Schwankungen in den Erträgen war es die unzureichende Bezahlung der Fänge durch den Großhandel, die zur misslichen Lage der Fischer führte. Hin und wieder wurden die Fische vom Großhandel nur auf Kommission oder auch gar nicht abgenommen. War dann keine Fischmehlfabrik in der Nähe, musste der Fang als Dünger in die Äcker eingebracht oder an die Schweine verfüttert werden.
Während der Zeit des „Dritten Reiches" wurde nicht nur der Lehrberuf des Fischers eingeführt, sondern die Fischer erhielten insbesondere in der Kriegszeit festgesetzte Preise durch den „Reichsnährstand" für die Fische. Damit sollte die Versorgung der Bevölkerung gesichert werden.

Nach Kriegsende regelte die Besatzungsbehörde SMAD (Sowjetische Militär-Administration in Deutschland) das Fischereiwesen in der sowjetischen Besatzungszone, d. h. das Abgabesoll, die Fischereiaufsicht, das Prämiensystem, die Versorgung mit Dieselkraftstoff, Netzmaterial usw. Dabei wurden die Fischer durchaus „auf Trab gehalten“: Es musste bei Wind und Wetter zum Fischen ausgefahren werden, auch wenn es die Wettersituation eigentlich gar nicht zuließ. Einige Fischer sollen freilich nur außer Sichtweite um die nächste „Ecke“ gefahren sein und sich dort in die Koje gelegt haben. Ganz am Anfang soll jedoch immer ein bewaffneter Soldat mit an Bord gewesen sein.

Ab Januar 1946 waren Pflichtabgaben festgelegt. Da bei Übererfüllung Prämien winkten, u.a. Sonderzuteilungen an Kartoffeln, Mehl, Tabak, Kleiderstoffen und Alkohol, waren die Fischer stets an der Sollerfüllung interessiert. Im Februar 1949 beschloss die „Deutsche Wirtschaftskommission” den Aufbau einer volkseigenen Fischwirtschaft, ab den 1950er Jahren wurde die See- und Küstenfischerei kollektiviert. Der Fisch wurde zu garantierten Festpreisen abgenommen, dafür musste aber der gesamte Fang abgeliefert werden. In den staatlichen Fischläden tauchte die Vielfalt des Fangs nur selten auf. Es kursierten deshalb Sprüche, wie: „Der Aal wird im Dunkeln gefangen und im Dunkeln verkauft!“, der Aal sei ein Dreifarbenfisch, „grün gefangen, golden geräuchert und schwarz verkauft“.

Aalreuse in Thiessow auf einer 1952 (?) gedruckten Karte.

„[...] fleissig Wacht zu halten auf Schiffe [...]“ – Lotsenwesen und Seenotrettung

Das Lotsenwesen auf Rügen hat eine lange Tradition; die älteste Lotsenstation an der deutschen Ostseeküste soll die auf der Insel Ruden gewesen sein, von der Schiffe insbesondere von oder nach Stralsund, Greifswald, Wolgast, Swinemünde oder Stettin begleitet wurden.

Aus den anfangs vielleicht noch unverbindlichen Ratschlägen haben sich bald Hilfeleistungen entwickelt, die auch mit teilweise reichlicher Dankbarkeit belohnt wurden und aus denen sich schließlich ein Gewerbe herausbildete, dass vereinzelt die Fischerei zurückdrängte. Dies gilt umso mehr, als sich die Fischerbauern auf Rügen in der Mehrzahl in einer wirtschaftlich wenig komfortablen Lage befanden.

Unter diesen Bedingungen verwundert es nicht, dass es beim Kampf um lukrative Lotsenaufträge auch zu Revierstreitigkeiten kam. In der Rügenliteratur findet sich ein Bericht der für Zollangelegenheiten zuständigen Licent Cammer in Wolgast aus dem Jahre 1793, wonach es unter den Einwohnern von Lobbe, Göhren und Thiessow „von alten Zeiten her” eine ständige Feindschaft und Streitsucht gegeben habe, „die leider noch stattfindet und baldmöglichst aufgehoben werden muß, wenn das Lotsenwesen nicht leiden soll”.

Anfangs genügte es für die Lotsentätigkeit, sich in den örtlichen Gewässern nur „auszukennen“. So kam die Kenntnis der zahlreichen Untiefen rings um Mönchgut meist durch Erfahrung in Form von Grundberührung des eigenen Schiffes zustande. Man gab den Untiefen dann praktischerweise den Namen des Schiffes oder seines Kapitäns: Elsa-, Neptun-, Schuhmacher-, Ellida-, Böttcher-, Rugia-, Gräften-, Doretta-, Ariadne- und Orientgrund.

Zunehmend wurde eine qualifizierte, überschaubar geregelte Lotsentätigkeit erwartet und gefordert. Schließlich vertrauten die Schiffer den Lotsen (auch Piloten genannt) neben ihren teuren Fahrzeugen und der Ladung auch das Leben ihrer Besatzungen an, wollten gegebenenfalls auch Regressforderungen stellen.

Zunächst führte die schwedische Regierung im Juni 1664 eine „Ordnung für die Seefahrenden, die beym Ruden einkommen, und für die Piloten daselbst“ ein, 1691 erschien die „Erweiterte Ordnung für die Seefahrenden und Piloten beym Ruden, Mönchgut, Tressau, Görne, auf dem Peert und zu Peenemünde“. Demnach hatten die Lotsen „fleißig Wacht zu halten auf Schiffe, denselben entgegenzufahren, um sie auf die Reede zu bringen und darauf zu achten, dass sie nicht im Fahrwasser ankerten". Weitere Vorschriften folgten.

In einem Bericht der Licentkammer aus dem Jahre 1787 bekamen die Mönchguter Lotsen kein gutes Zeugnis: „In den letzten vier Jahren ist kein Sommer vergangen, dass nicht die schwersten Klagen über die Unverschämtheit dieser Leute hier eingegangen sind. Sie sind keine ordentlich bestellte und vereidigte Lotsen, sondern Untertanen des Gutes Philippshagen und kommen nicht immer, wenn es nötig ist, sondern wenn sie wollen und können, wenn die Gutsherrschaft nicht ihre Dienste gebraucht oder wenn ihnen für ihre Bemühungen soviel zugestanden wird, als sie verlangen." Der Amtshauptmann von Rügen relativierte diese Beschwerde zur Ehrenrettung der Lotsen: So würden sie oft von den Schiffern abgewiesen, weil diese angeblich den Weg selbst wüssten und die Lotsung deshalb als unnütze Ausgabe betrachteten, außerdem würden sie gegenüber den Lotsen auf dem Ruden nur ein Drittel verdienen. Bald einigte sich die Landesregierung mit der Gutsherrschaft Philippshagen über bestimmte Befreiungen der Lobber und Thiessower Einlieger vom Hofdienst – gegen entsprechende Bezahlung, „versteht sich".

Johann Jacob Grümbke erläutert die Situation um das Jahr 1803: „Die Kauffahrteischiffe, welche nach Wolgast, Greifswald oder Stralsund gehen, [...] segeln gewöhnlicher um Rügen durch das Alte oder Neue Tief. Da aber die Passage durch die Meerenge zwischen Pommern und Rügen wegen vieler seichter Stellen und Sandbänke ebenwohl unsicher ist, müssen alle Schiffe, die diesen Weg wählen, sich bei Strafe der Führung eines von den Piloten unterwerfen, die in den drei Lotsendörfern Gören, Lobbe und Thießow wohnen, und ist ein Schiff durchgeschlüpft, so kann der Lotse den Schiffer bei dem Lizenzgericht des Ortes, wo er im Hafen liegt, verklagen. Die drei genannten Dörfer lassen sich die Bedienung umgehen, und zum Wahrzeichen für die Schiffer wird eine Flagge in dem Dorf aufgesteckt, an dem die Reihe ist [...] Das Lotsengeld wird nach der Schwere der Ladung, d. h. so tief das Schiff unter Wasser geht, und nach der Länge des Weges bestimmt. Es beträgt 1, 2 bis 4 Reichstaler."

Die für eine Lotsenstation günstigste Lage auf Mönchgut hatte zunächst Göhren zugestanden. Bereits 1639 wurden Einwohner von Göhren (fünf Vollbauern und ein Kossat) als „Piloten" benannt.

Weitere untergeordnete Stationen kamen in Thiessow, Lobbe und Klein

Zicker hinzu. Da Göhren wegen seiner günstigen Lage den anderen Stationen hin und wieder die Schiffe „vor der Nase wegschnappte", führte man bald den schon erwähnten Reihendienst ein. Wenn bei schlechtem Wetter nur von Thiessow aus gelotst werden konnte, aber gerade die Göhrener oder Lobber Lotsen an der Reihe waren, mussten vier von ihnen im „Trabb" durch das unwegsame Dünengelände nach Thiessow laufen, um mit dem dortigen Segelfahrzeug zu dem wartenden Schiff überzusetzen, erzählte der Heimatforscher Paries. Um die Lotsen von Lobbe gab es einst Ärger: Mehrere Einlieger ohne eigenen Acker und mit nur kümmerlichem Fischfang verdienten sich ein Zubrot mit Lotsentätigkeit. Dagegen beschwerten sich 1685 die Göhrener Lotsen und der Landrat verbot die „Schwarzarbeit".
In Thiessow wird erstmals 1632 der Kätner Claus Ise(r)barth als Lotse urkundlich erwähnt, der gegen Erlass der Hofdienste Lotsendienste einschließlich Auslegung von Seezeichen anbot. Ab 1660 ist Thiessow Lotsenstation, ab 1830 staatliche Station. Für Klein Zicker wurden ortsansässige Fischer als „nebenamtliche" Lotsen erstmals 1687 erwähnt, 1814 wird Klein Zicker Königlich Schwedische Lotsenstation mit fünf vereidigten Lotsen, die allerdings nur die von der Boddenreede auf die offene See ausfahrenden Schiffe begleiten durften und deshalb Binnenlotsen genannt wurden.
1815, als Rügen an Preußen überging, gab es auf Mönchgut 29 Lotsen, davon jeweils acht in Thiessow und Lobbe, sieben in Göhren und weitere sechs in Klein Zicker.
Von 1818 ab standen die Lotsen unter dem Befehl eines Lotsenkommandeurs, er hatte die Einhaltung der Lotsenordnung zu kontrollieren und dabei die einzelnen Lotsenstationen „zu bereisen". Die Bezahlung des Kommandeurs und der Lotsen war bescheiden. Dennoch war ihnen ihr Amt wichtiger als die Bezahlung: Nicht selten hatten sie durch den Lotsenberuf erst die Unabhängigkeit von der Grundherrschaft erhalten, sie verdienten meist besser als zuvor als Fischer oder Bauern, genossen ein hohes Ansehen und wurden in ihrer Autorität auch staatlicherseits unterstützt und bestärkt. Um ihre Einkünfte aufzubessern, übten die Lotsen oftmals Nebenberufe aus, die mit der Lotsentätigkeit in Einklang zu bringen waren, z. B. als Strandvogt, Strandhauptmann, Grenzaufsichtsbeamter, Fischereiaufseher („Fischkieper"). Auch ihre Einsätze bei der Seenotrettung trugen zur Erhöhung des Ansehens bei.
Die Lotsen schoben ihre Pensionierungsanträge meist so lange wie

möglich hinaus, weil sie seitens des Staates in der Mehrzahl der Fälle keine ausreichende Pension erhielten und dadurch mit ihren Familien in eine wirtschaftlich schwierige Lage gerieten.
Der Mönchguter Pastor Odebrecht setzte sich für den Lobber Lotsen Michel Bollow ein, der 1810 aus gesundheitlichen Gründen entlassen wurde und sich nun in „dürftigen Vermögensumständen befindet". Er hatte keinerlei Verdienstmöglichkeiten, um seine Familie durchzubringen. Vom schwedischen König wurden ihm 8 Reichstaler jährlich (!) bewilligt und von der Licent-Kammer angewiesen mit dem Hinweis: „Soll zur Aufmunterung für andere Seefahrer dienen!"
Einen Fortschritt stellte 1842 die Errichtung eines aus Glocken bestehenden eigenen Signalsystems für Göhren und Thiessow dar, mit dem sich die Lotsen untereinander verständigen konnten. Zuvor musste der Wachhabende ins Dorf laufen, um die Lotsen von der Ankunft eines Schiffes zu informieren. Später wurden Alarmwecker und ab 1907 ein elektrisches Läutewerk eingesetzt. Im Jahre 1849 befürwortete die Regierung den Bau eines Pegels und eines Wasserstandssignals für Thiessow, mit dessen Hilfe die Lotsen prüfen konnten, ob die Schiffe mit ihrem Tiefgang das Fahrwasser passieren konnten, später, 1866, kam ein weiterer Mast für die Anzeige der Windstärke hinzu. Hier wurden Sturmwarnungen tagsüber mit schwarzen kegelförmigen Signalen, nachts mit weißen und roten Lichtsignalen angezeigt.
Überreste des 1902 errichteten Göhrener Sturmsignals kann man in der Nähe des ehemaligen Drachenhauses von Max Dreyer sehen. Der Mast war mindestens bis 1962 in Betrieb und wurde 2009 wieder instandgesetzt.

Das ehemalige Sturmsignal von Göhren.

Dem wachhabenden Lotsen von Thiessow hatte man zunächst lediglich den Ruderstand eines Schiffes als Wachraum zugestanden. In einem Regierungsbericht von 1842 hieß es: „Auf Thiessow ist zwar eine Wachhüte vorhanden, dieselbe ist aber von einem Hundestall schwerlich zu unterscheiden und große Geneigtheit zum Aufenthalt in ihr nicht zu vermuten." 1854 errichtete man eine kleine gemauerte Hütte mit massivem Sockel, die noch heute zu besichtigen ist. Zunächst rohrgedeckt erhielt sie später ein Ziegeldach, nahm die Signalkörper für das Wasserstands- und das Sturmsignal auf und diente dem diensthabenden Lotsen als Unterschlupf während der Wache.

Die „aufgestockte" Wachhütte auf einer im Juli 1912 verschickten Karte. Gut zu erkennen sind die Sturm- und anderen Signalanlagen.

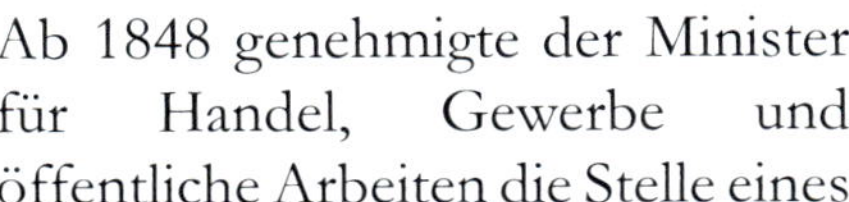

Ab 1848 genehmigte der Minister für Handel, Gewerbe und öffentliche Arbeiten die Stelle eines Lotsenkommandeurs auf Mönchgut, dotiert mit 400 Reichstalern und einem Reisekostenbeitrag von 50 Reichstalern. Außerdem stand dem Beamten eine Dienstwohnung zu, für die eine Miete in Höhe von 1 Reichstaler und 20 Silbergroschen zu zahlen war, er durfte 4 Morgen leichten Sandacker bearbeiten, einen kleinen Garten bewirtschaften und eine Kuh und ein Schaf halten. Schiffaltermann Johann Caspar David Wolter übernahm den Posten, wohnte zunächst in Klein Zicker, zog 1849 jedoch in ein Haus in Thiessow, das mit einem Aufwand von 3.500 Reichstalern für den Beamten errichtet wurde.

Um 1871 beschwerten sich die Thiessower Lotsen über die Wandlung im Führungsstil des Lotsenkommandeurs. Galt er bis dahin als wohlwollend und väterlich, so sollte Wolter nun „seiner Sinne […] entraubt" sein, alle Namen

durcheinander bringen und die Lotsen mit Ausdrücken wie „Schlingel, Schlaps, Lüchting“ titulieren; mitunter solle er die Lotsen sogar mit seinem Krückstock schlagen. Wolter wurde deshalb der Abschied nahegelegt, um den er im Juni 1872 ersuchte.
1859 wurden die Stationen Lobbe und Klein Zicker endgültig aufgelöst und die Hauptstation für das Lotsenwesen nach Thiessow verlegt.
Für die Umzugswilligen wurden in der Mehrzahl kleine Lotsenwohnhäuser mit Stallungen und Wirtschaftshöfen (um 1880), aber auch einige größere und repräsentativere, so genannte Kronhäuser (1893 und 1907) erbaut.

Eines der beiden großen Lotsenhäuser (Kronhäuser) sowie rechts davon die Seenotrettungsstation am Thiessower Weststrand. Die Rettungsstation existiert nicht mehr. Die Karte wurde im August 1911 an Kaufmann P. in Tegel bei Berlin verschickt. "Ihre Ware ist hier glücklich angekommen schmeckt uns wundervoll."

Heute zeugen noch 32 ehemals von Lotsen bewohnte Häuser vor allem entlang der Hauptstraße von der Funktion Thiessows als Lotsenstation, unter anderem die heutige „Mönchguter Fischerklause“ (Hauptstraße 48), erbaut um 1887 durch den damaligen Oberseelotsen Hermann Berg.

Die „Villa Berg“ auf einer im Juni 1907 verschickten Karte. „(Name unleserlich) ist in die Ostsee gefallen, pitsch-naß.“ In der Mitte der drei Personen könnte Oberlotse Berg zu sehen sein (unsicher).

Die Station in Thiessow verfügte bald über drei Oberlotsen und 24 Lotsen, die ab 1859 als staatsbedienstete königliche Beamte mit einem festen Monatsgehalt angestellt waren - möglicherweise die ersten Beamten Rügens. Mit dem Lotsen-Gehalt waren bis 1920 alle Dienste entgolten: Das Auslotsen, das Einholen und Auslegen der Seezeichen, aber auch anfallende Reise- und Übernachtungskosten. Deshalb waren die Lotsen gar nicht so erfreut, wenn sie am Schiffstörn waren: Eine Lotsung nach Stralsund dauerte bei günstigen Windverhältnissen zwei bis drei Tage, konnte sich bei schlechtem Wind jedoch schnell auf bis zu 14 (!) Tage ausdehnen, in denen der Lotse wohl oder übel an Bord des Schiffes bleiben musste. Aber auch danach war der Dienst für ihn noch nicht beendet: Der Rückweg von Stralsund nach Thiessow musste noch bewältigt werden und zwar zu Fuß in etwa zwei Tagen und auf eigene Kosten für Übernachtung und Nahrung! Dennoch war eine Lotsenstelle derart begehrt, dass man sogar bereit war, die Witwe des Vorgängers zu ehelichen, um seine Stelle zu erhalten.

Der amtierende Lotsenkommandeur und die Besatzung des später zu Einsatz gebrachten Lotsendampfers waren Uniformträger. Dem

„normalen“ Lotsenpersonal, das zunächst in seiner persönlichen Kleidung Dienst tat, wurde anfangs per Anweisung „empfohlen“, sich selbst um die Uniformierung zu kümmern. Da die Regierung eine Beihilfe ablehnte, wurde dies jedoch bis 1892 verschleppt. Wolfgang Rudolph erzählte, dass einer der Lotsen Probleme hatte, den zur Uniform gehörenden weißen Kragen zu beschaffen. Da er außerdem seiner Frau nicht „noch miehr Kummer mit de Kroagenwasch moaken“ wollte, soll er seinen Kragen kurzerhand mit weißer Ölfarbe präpariert haben. „So geiht dat ook! Dat höllt prima, Herr Kummandör!“, soll er dem erstaunten Lotsenkommandeur versichert haben.
Die bestehende Wachhütte erwies sich nun bald als unzureichend und wurde 1892/93 aufgestockt, indem man auf das unverändert bleibende Erdgeschoss eine Holzbalkenkonstruktion ähnlich einem schwedischen Blockhaus mit umlaufender geschützter Galerie, Fenstern an allen vier Seiten und einer hölzernen Freitreppe am an der nördlich Giebelseite befindlichen Eingang aufsetzte.
Wegen der immer höheren Uferbewachsung errichtete man daneben einen Lotsenturm mit Plattform in Form eines holzverkleideten Eisengerüstes, der am 8. November 1909 seiner Bestimmung übergeben wurde.

Bereits um 1840 hatte jede staatliche Station ein großes Segelboot und ein kleines Segel- und Ruderboot, mit denen die Lotsen zu den Schiffen hinausfuhren und wieder zurückfuhren (sogenannter Versatz) oder Schiffbrüchige retteten. Hierfür wurden an den Stränden Rettungs- und Geräteschuppen eingerichtet. Diese so genannten Rettungsstationen wurden um 1850 den örtlichen Lotsenstationen zugeordnet. Trotz des damals bereits ausgeprägten Lotsenwesens strandeten allein zwischen 1875 und 1880 im Bereich zwischen Greifswalder Oie und dem Ruden immerhin noch 16 Schiffe, darunter je sieben vor Mönchgut und auf dem Riff der Greifswalder Oie.
1883/84 wurde mit einem Kostenaufwand von insgesamt 140.000 Mark der Lotsendampfer „Thiessow“ samt verschiedenem Zubehör, wozu auch ein eigener Kohlenprahm gehörte, auf der Werft „Aaron & Gollnow“ in Grabow bei Stettin gebaut und für das Lotsenwesen bereitgestellt. Seinen Liegeplatz hatte er im Zickersee. Schwierigkeiten gab es jedoch regelmäßig dann, wenn der Zickersee bzw. dessen Zufahrt im Winter vereisten oder Sturmfluten die Fahrrinne versandeten. Dann musste der Dampfer schon einmal beim Ost-

Ruden, bei Wolgast, Swinemünde oder Stralsund Liegeplatz nehmen.
Erster Schiffsführer war Wilhelm Müller, der 1884 als etatmäßiger Seelotse angestellt wurde. Matrose war der bisherige Bootsfahrer Otto Brandt. Nach 1885 wurde immer der jeweils jüngere Oberlotse Schiffsführer.
Neben seiner ursprünglichen Funktion als Lotsendampfer wurde das Schiff häufig auch zum Bergen und Schleppen havarierter Schiffe eingesetzt. In jedem Falle stellte der Einsatz des Dampfers eine wesentliche Arbeitserleichterung und Zeitersparnis für die Lotsen dar. Der Dampfer war bis 1931 in Betrieb und den Thiessowern so sehr ans Herz gewachsen, dass in fast allen Häusern Fotos von ihm hingen und die Thiessower und „Zickerschen“ am 31. Oktober 1931 ihrem Dampfer auf seiner letzten Fahrt mit Oberlotse Voß zum Schrottplatz zuwinkten.

War der Personalbestand der Thiessower Station schon im ersten Weltkrieg erheblich reduziert worden, so ging er auch in den Folgejahren stetig zurück, 1939 waren nur noch vier Lotsen stationiert, im zweiten Weltkrieg war die Lotsenstation völlig außer Betrieb.

Die ehemalige Lotsenglocke.

Ein Grund dafür war die Verminung der Boddengewässer durch englische Flugzeuge. 1945 nahm als erster Lotse Kapitän Suplie seine Tätigkeit auf und unterstützte die kleine Schifffahrt von und nach Baabe und Lauterbach. Durch Verlegung von Schiffsrouten, die Nichtpassierbarkeit der Fahrrinne und erst recht durch die Wiederinbetriebnahme des Rügendamms verlor die Lotsenstation ihre Bedeutung und wurde am 31. August 1949 aufgelöst, 1962 nochmals reaktiviert und 2000 endgültig nach Freest verlegt.
Heute befindet sich auf dem Lotsenberg wieder die kleine Wachhütte (Ausstellungsraum) und ein Antennen- und Aussichtsturm, der nach dem

Vorbild des alten Lotsenturmes gestaltet worden ist. Im Gemeindezentrum von Thiessow informiert eine Ausstellung über das Lotsenwesen; dort können die alte Lotsenglocke („Gegossen von Simon Zach in Stralsund 1842“) und der alte Böller bestaunt werden.

In den älteren Reiseführern wird bei Beschreibung der entsprechenden Orte gern auf das Lotsenwesen als eine der regionalen Attraktionen hingewiesen. So empfiehlt der *Dunker* von 1888 die Besteigung des „Lootsenberges“ von Göhren und des Bakenberges nördlich von Groß Zicker, schildert die „Lootsensignale“ und das „Wachthaus des Lootsenpostens“ von Thiessow. „Freunde von Wasserpartien können sich an den Fahrten der Lootsenkutter betheiligen“ heißt es weiter bei der Beschreibung von Thiessow. „Ebenso lohnt es sich“, schreibt ein Reiseführer, „die seit 1830 bestehende Lotseneinrichtung kennen zu lernen. Auf dem Turm des Wärterhauses hält von Sonnenaufgang bis –untergang ein Lotse die Wacht, um mit den vorüberfahrenden Schiffen Signale auszutauschen, sofern diese für die Durchfahrt einen Lotsen benötigen, und um gleichzeitig die Zollkontrolle auszuüben“.

Die Wirkungsweise des Raketenapparates und der Hosenboje sind auf diesem Holzstich gut zu erkennen (Ausschnitt aus einem Holzstich in Meyers Konversations-Lexikon von 1905).

Abgesehen vom Zicker See existierte bis zum Ausbau des Sassnitzer Hafens rings um Rügen kein (Not-) Hafen, in dem die Schiffer bei Sturm oder winterlichem Eisgang Schutz suchen konnten. Ein Mangel, der sich vor allem bei auflandigem Wind aus Nordost bis Südost an Rügens Ostküste fatal auswirkte. Hilfe kam anfangs nur von einzelnen Personen, die häufig unter Einsatz ihres Lebens ganze Schiffsbesatzungen oder Einzelpersonen retteten oder aber von Land aus hilflos zusehen mussten, wie Menschen, scheinbar zum Greifen nahe, in Seenot ums Leben kamen. Eine Rolle dürfte dabei auch gespielt haben, dass nach Schätzungen noch um 1900 nur etwa ein Prozent der Bevölkerung schwimmen konnte. Auch die Schiffer und Fischer konnten meist nicht schwimmen. Unter ihnen galt der Slogan: „Lieber gleich `versupen`, als stundenlang zu schwimmen und sich langsam zu Tode ´spaddeln`!"

An Mut fehlte es den Rettern nicht, oft aber an den notwendigen Rettungsmitteln und am organisierten Zusammenwirken sowie an der staatlichen Würdigung. Zumeist blieb es bei einer verbalen Anerkennung, während sich die Obrigkeit mit materieller Anerkennung wesentlich schwerer tat. So mussten die häufig unter Einsatz ihres Lebens agierenden Seenotretter nicht selten die ihnen zustehenden ohnehin geringen Gratifikationen mehrfach anmahnen oder verzichteten schließlich sogar darauf wegen des ermüdenden und letztlich aussichtslos erscheinenden Schriftverkehrs.

Die preußische Regierung richtete nach der Übernahme von Rügen (1815) an der Küste verschiedene Rettungsstationen ein. Preußen beschaffte zunächst aus England einen Manbyschen Rettungsapparat und teste ihn 1825 umfangreich bei Neufahrwasser in der Danziger Bucht. Das Wirkungsprinzip des vom britischen Hauptmann George William Manby entwickelten Apparates bestand im Abschießen von siebenpfündigen Kugeln mit feststehender Öse, an denen dünne Leinen befestigt waren. Über ein havariertes Schiff geschossen, konnte man entweder vom Schiff oder umgekehrt eine starke Trosse heranziehen, an der die Besatzungsmitglieder des Havaristen mittels Hosenbojen (eine Erfindung des Engländers Kisbee) oder in Booten gerettet werden konnten.

Die Übungen der Rettungsmannschaften der am Oststrand und an der Westküste von Thiessow bestehenden „Rettungsstationen mit voller Ausrüstung" waren laut eines Reiseführers von 1913 stets „ein interessantes Schauspiel".

1855 wurde die staatliche Rettungsstation in Göhren eingerichtet und mit einem überarbeiteten Manbyschen Apparat aus der königlichen Geschützgießerei in Spandau ausgestattet.

Die um 1885 durch den Putbuser Fotograf Christian Katter gefertigte Fotografie zeigt den vermutlich zur Vorführung vorgenommenen Raketenstart bei Göhren. Im Hintergrund ist der Mast zu sehen, der bei Raketenübungen die Takelage eines in Seenot befindlichen Schiffes simuliert. Man beachte, wie nahe die Zuschauer am Raketenapparat stehen!

Die rings um das Mönchgut bestehenden komplizierten Bedingungen für die Einfahrt in den Greifswalder Bodden machten neben der Göhrener Station zwei Rettungsstationen in Thiessow erforderlich.
Die östliche von ihnen („Rettungsstation unter dem Thießower Höft", 1876 oder 1886 gegründet und mit Raketenapparat ausgestattet) hatte im März 1890 den ersten Einsatz mit ihrem neuen, 1889 angeschafften Boot „Ratsherr Kirchhoff": Bei Windstärke 7 bis 8 und Schneeböen bis Stärke 10 war bei Karlshagen auf Usedom der schwedische Schoner „Juno" auf ein Sandriff gelaufen und drohte von den Brechern zermalmt zu werden. Die vier Besatzungsmitglieder saßen in Todesnot in den Masten. Per Telegraf wurde die Rettungsstation alarmiert, das Boot wurde 7:45 Uhr zu Wasser gelassen und machte sich, besetzt mit zwölf Thiessower Lotsen unter Lotsenkommandeur Bartels auf den Weg. Die rund 22 km (!) wurden in 2½ Stunden gerudert. Unter Lebensgefahr wurden die Besatzungsmitglieder des

Schoners in das Rettungsboot gebracht, zwei von ihnen waren erstarrt und regungslos und mussten aus den Seilen, mit denen sie sich an den Masten gesichert hatten, losgehackt werden. An den Strand zu rudern war bei der herrschenden Brandung unmöglich, also musste der Weg nach Thiessow zurück genommen werden, wo man 17:15 Uhr ankam. Einer der Schweden war unterwegs verstorben, die anderen drei und die Lotsen mussten aus dem Rettungsboot gehoben werden, keiner von ihnen konnte mehr gehen. Die an der Rettung der schwedischen Seeleute Beteiligten wurden vom schwedischen König mit Orden und Prämien von 130 Mark ausgezeichnet.

Blick auf die Rettungsstation am Weststrand auf einer undatierten Karte. Offenbar unternehmen einige der Badegäste einen der beliebten Bootsausflüge.

„In jedem Jahr werden einmal Übungen mit den Rettungsgerätschaften ausgeführt. Für die Fremden ist es immer hochinteressant, wenn die Lotsen und Fischer zu Rettungsmanövern zusammengerufen werden. Der Raketenapparat wird aufgestellt, gerichtet und unter dem Kommando des Oberlotsen eine Rakete nach dem am Fuße der Düne hinter dem Herrenbad stehenden Übungsmaste geschossen. Fast stets saust die Rakete über den Mast hinweg und bleibt mit der Leine in den Raaen hängen. Schnell ist die Verbindung hergestellt und mit der Hosenboje beginnt das Abbringen

der `Schiffbrüchigen`", schrieb der Heimatforscher Paries über die Rettungsstation am Thiessower Oststrand. Sie bestand mit ihrem Schuppen für das Rettungsboot, dem Raketenapparat und verschiedenes Zubehör bis 1945. Heute ist im umgebauten Schuppen ein Heim des Deutschen Roten Kreuz untergebracht.
Die zweite Thiessower Rettungsstation („Bootsstation Thießow West", mit Rettungsboot, 1900 gegründet) war in einem Backsteingebäude am Weststrand hinter dem Deich untergebracht. An seiner Stelle steht heute quer zum Deich ein verputztes Gebäude, in dem Fischereiutensilien untergebracht sind.

1913 begann auf Rügen der Einsatz des ersten Motorrettungsbootes. Sassnitz erhielt das offene, mit Benzinmotor und Scheinwerfer ausgestattete Boot „Dr. Alfred von Leyen", das 1937 zu einem halbgedeckten Boot mit Dieselmotor umgebaut wurde. Das *Rügensche Kreis- und Anzeigeblatt* berichtete im Oktober 1912 über die Probefahrt des Bootes, die am 21. Oktober „bei recht heftigem Sturm" nach Thiessow, von dort über den Ruden zur Greifswalder Oie und zurück führte. Trotz der „sehr hoch gehenden See" habe es sich gut bewährt und „gegen die See eine Geschwindigkeit von 5 ½ Seemeilen erreicht. Die Führung des Bootes ist Herrn Hafenmeister Seeck anvertraut", hieß es weiter.
Ein tragisches Ereignis am 28. Juli 1912, bei dem infolge eines Brückeneinsturzes in Binz 14 Personen ums Leben kamen, war im Folgejahr Anlass für die Gründung der „Deutschen Lebens-Rettungs-Gesellschaft" (DLRG), die ab 1922 bis heute die Strandwachdienste übernahm. Die Seenotrettungseinrichtungen der DDR wurden zunächst (ab 1953) durch das Seefahrtsamt der DDR errichtet, ab 1990 wurden diese Stationen der Deutschen Gesellschaft zur Rettung Schiffbrüchiger (DGzRS) zugeordnet.

Von Pusselbüxen, Freywerberey und Schüddeldebüx - Trachten, Traditionen und Bräuche

Die langwierige Herstellung der Kleidung von der Erzeugung der Rohstoffe über das Spinnen, Weben und Färben der Stoffe bis zur Schneiderei machte sie besonders wertvoll für die Mönchguter. Das hatte zur Folge, dass sie nicht nur lebenslang genutzt und teilweise über mehrere Generationen hinweg vererbt wurde, sondern auch lange Zeit unbeeinflusst von modischen Einwirkungen blieb. Das Beharren auf der traditionellen Kleidung hatte also (auch) ganz materielle Ursachen.

Stark vereinfacht bestand die mehr als 700 Jahre nahezu unveränderte Mönchguter Tracht bei den Männern aus roten oder bunt gestreiften Westen, einer kurzen wollenen schwarzen Jacke mit hochstehendem Kragen und Hornknöpfen, einem bunten Halstuch und weißen Pluderhosen (de Büx) aus Flachs- oder Hanfabfall.

Mönchguter in typischer Tracht auf einer undatierten Karte.

Beim Kirchgang konnte es auch eine schwarze Hose aus Leinen sein. Die Unterhosen wurden aus Stoffresten zusammengenäht und deshalb „Pusselbüxen“ genannt, woraus sich schließlich das Schimpfwort „Pusselpoken“ für die Mönchguter ergab. Als Kopfbedeckung wurde im Haus die Zipfelmütze, beim Fischen der Südwester (eine geölte wasserdichte Lederkappe), beim Kirchgang ein niedriger Hut getragen. Hut oder Mütze wurden allenfalls in der Kirche, sonst nicht abgenommen. Max Dreyer nimmt darauf in seinem Gedicht *Utröper* (Gemeindediener) *Micheels* Bezug. Micheels nahm bei einer Beerdigung den Hut nicht ab und wurde deshalb vom Pastor gerügt.

„Truharzig kickt Micheels em an:
\`Dat´s nich so slimm, dat laten´ man,
Herr Pastor. Is Ehr Segen goot,
denn geiht he ook dörch den Hoot!\`"

Die Schuhe waren je nach Bedarf entweder derbe Lederschuhe, Holzpantoffel oder hohe Transtiefel, in die bei strengen Wintern auch etwas wärmendes Stroh passte. Die Stiefel wurden um sie zu schonen häufig im wahrsten Sinne des Wortes „getragen", nämlich über den Schultern.

Karl Nernst schrieb 1800 in seinen *Wanderungen durch Rügen*: „Was man überhaupt an ihrer Kleidung auszusetzten haben möchte, könnte nur die beispiellose Dicke und Menge der Kleidungsstücke sein, worin sie es denn auch in einem gar nichtstrengen Klima übertreiben. Sie setzen gleichsam eine Ehre darin, und ein Mann, der nicht mit seinen 4-5 Beinkleidern einherschreiten könnte, würde besorgen müssen, von den übrigen gering geschätzt zu werden."

Die Frauen trugen eine leinene Untermütze, über der eine aus Wolle und „Rasch" (Leinenzeug) gefertigte nach hinten spitz zulaufende, wattierte schwarze Mütze (plattdeutsch „Hüll"), die „Padenhulle" (ein Geschenk der „Paden", d. h. der Paten) getragen wurde:

„Twei Aehl Rasch und een Pund Wulle
Gifft eene gaude Padenhulle",

hieß es.

Von der Mütze fiel ein Bündel breiter schwarzer Schleifen in den Nacken. Die unter den Mützen hervorschauende „Sturmlocke" wurden bei den jungen Mädchen zierlich mit dem Winkeleisen

Typisches Atelier-Bild mit Frauen in Mönchguter Tracht.

gebrannt, bei den Frauen mit Seife und Speichel gesteift. Gingen die Frauen außer Haus, wurde zusätzlich der „Helgoländer", ein breitkrempiger Strohhut aufgesetzt. Ein weißes Tuch über dem Hut bedeutete Trauer. Weiter gehörten zur Tracht das „Bosdock" (auch Bost- oder Baustdauk genannt), ein wollenes, spitzen-, messingplättchen- und perlenbesetztes Brusttuch, und der Schnürleib, der den Brustlatz hielt. Außerhalb des Hauses trug die Mönchguterin das „Kamisol", eine mit schwerem Samt besetzte Wolljacke. Über die beiden Röcke, den „Pusselrock" und den mit breiter roter Kante abschließenden Kantenrock, wurde eine gestärkte Schürze gebunden. Beim Gang ins Nachbardorf kam darüber noch der „Ausgehrock", beim Gang in die Kirche zusätzlich (!) der „Kirch-" oder „Staatsrock". Die „Bommeln" (tropfenförmige Ohrgehänge) und die „Krallen" (ein- oder dreireihige Ketten), beide von den Fischern aus Bernstein gefertigt, bildeten weiteren Schmuck. Die Fußbekleidung war die gleiche wie bei den Männern, die Strümpfe waren bunt, meist blau oder rot. Bei speziellen Anlässen, Feiertagen usw. wurde die Kleidung variiert. Es war Sitte, dass man sich abends und selbst bei schwerer Krankheit mit voller Kleidung zu Bett legte („Wat gaud is för de Kühl, is ok gaud für de Hitz"). Auch die Kinder wurden „warm gehalten" und trugen die Tracht, selbst wenn die Krähe bei Sommerhitze auf dem Zaunspfahl japste („Lütt Kind möt warm hollen wern, un wenn de Kreih up den Tunpahl jappt").
Noch 1909 zählte der Volkskundler Alfred Haas 237 Träger der traditionellen Tracht, 80 Männer, 156 Frauen und ein Kind. Die letzten beiden Trachtenträger sollen 1953/54 im hohen Alter verstorben sein, unter ihnen Carl Pisch aus Alt Reddevitz.

Bis ins 19. Jahrhundert hinein klopften die jungen Mädchen am Silvesterabend einzeln an die Tür des Schweinekobens. „Antwortete" ein altes Schwein, bekam das Mädchen einen alten Mann, grunzte hingegen ein junges Schwein, durfte das Mädchen mit einem jungen Bräutigam rechnen; Ähnliches wird im Zusammenhang mit Pferden erzählt; auf der Oberfläche des Osterwassers in einer Schüssel glaubte man das Gesicht des künftigen Ehemannes sehen zu können. Kam es dann zur Eheschließung, versuchten die jungen Bräute ihren Fuß über den des Bräutigams zu schieben, um in der Ehe das „Sagen" zu haben…

Mönchguter Tracht auf einer undatierten Karte.

Während es in den Adelsfamilien zur Erhaltung und Mehrung des Besitzes nicht selten zu Eheversprechen für den Nachwuchs kam, bei dem die künftigen Partner noch im Kindesalter waren, war in den bäuerlichen und Handwerkerfamilien die wirtschaftliche Selbständigkeit von großer Bedeutung für das Heiratsalter. Oft konnte der neue Hausstand erst dann gegründet und erst dann auch geheiratet werden, wenn die Eltern auf das Altenteil gingen. Lebten gar noch die Großeltern im Haus, konnte es zu langen Verlobungszeiten kommen, weil die Eltern das Altenteil nicht aufsuchen konnten.

Als wichtig wurde außerdem angesehen, dass sich die Brautleute vor der Eheschließung öffentlich stellten, um die Gelegenheit für eventuelle Einwände gegen die Ehe vorzutragen. Üblicherweise wurde dazu der „Breede Stehen", die frühere Rechtsstätte unter freiem Himmel genutzt. Einige Flurnamen auf der Insel erinnerten und erinnern an derartige Rechtsstätten, auf denen sich in der Vergangenheit die künftigen Ehemänner zur Schau gestellt haben könnten. Ingrid Schmidt zählt einige von ihnen auf: „Ein ´Breeder Stehen´ liegt unweit von Groß Zicker am Weg nach Gager, in Baabe gibt es den ´Brutstieg´." An anderer Stelle schreibt Schmidt: „Auf Mönchgut hieß es noch vor gut 150 Jahren, wenn ein Paar zur Trauung in

die Kirche nach Middelhagen ging: ´Se gahn up`n breeden Stehen.´ Dort ging das Brautpaar dreimal um den Altar zum ´Opfern´."
Auf Mönchgut gab es auch ganz spezielle Hochzeitsbräuche:
Die sogenannte „Freywerberey" (auch Freijagd genannt) kam auf Mönchgut dann zur Anwendung, wenn ein bäuerlicher Hof an eine Tochter vererbt wurde oder diese auf andere Weise zu etwas Geld gekommen war. Sie durfte dann wie ein männlicher Erbe um einen Ehegatten werben, auch, damit der Hof weitergeführt werden konnte. Dieses von den Mönchgutern „Jagen" oder „Na ehn´ utstellen" (nach Einem ausstellen) genannte Vorgehen schilderte Friedrich Rellstab nach seiner Rügenreise 1797: „Die Heyrathslustige sucht sich unter den unverheyratheten Mannspersonen einen aus, den sie zum glücklichen Besitzer ihrer Person und ihrer Güter machen will, und schickt alsdenn bey Nacht und Nebel Freywerber aus."
Die so Begehrten baten sich zumeist etwas Bedenkzeit aus, nach der sie eine Antwort geben wollten. „Fällt diese nun verneinend aus, wie wohl geschieht, so hüllt das begehrte Männchen, den dem Mädchen gegebenen Korb hübsch in süße Worten ein. Als z. B.: Er habe nichts wider die werthe Person, habe aber noch nicht Lust zur Heyrath, aber sey bereits anderwärts verplempert, u. d. m. Solch empfangener Korb thut der Dame dann auch weiter nichts, weder am Ruf noch am Herzen: Sie `jägt` weiter, bis sie gute Jagd macht." Waren sich beide Partner jedoch einig, bekam sie von ihrem künftigen Ehemann ein Gesangbuch („Brutbook") und ein seidenes Tuch, er erhielt eine selbstgewebte Weste und ein weißes Leinenhemd.
Sofern eine Witwe erbte, musste sie „eigentlich" zunächst ein Trauerjahr vollenden, ehe sie wieder heiraten durfte. Da in diesem Jahr jedoch die Wirtschaft des bäuerlichen Gutes leiden würde, ging sie „zum zeitigen Pächter der Herrschaft" und sagte ihm, „auf wen sich ihr noch thränendes Auge gerichtet habe". Der Herr rief diese Mannsperson und „sondirt ihn, ob er bey der zur gehörigen Zeit angestellten Jagd der Witwe sich werde gern einfangen lassen". Wenn er dies versprach, „so zieht der Erwählte sogleich ein und versieht die Wirthschaft, und muthmaßlich auch die betrübte Witwe, um wenigstens eins der von Thränen noch trüben Augen, mit hochzeitlichem Glanze zu füllen...."
Über die sich auf diese Weise „einheiratenden" Männer meinten böse Zungen: „Hei is Herr in´n Hus, un hett in de Stuw nix tau seggen" (Er ist Herr im Haus und hat in der Stube nichts zu sagen)…

Mönchguter Hochzeitstracht auf einer undatierten Karte.

Der Reiseführer von *Richter* von 1914 wusste folgendes zu berichten: „Reiche Mädchen wählen selbst ihre Freier. Sie hängen ihre Schürze vor die Tür und lassen dann die Heiratskandidaten an sich vorüberziehen. Der Erwählte wird hereingerufen und als Bräutigam begrüßt." Teilweise soll dem „Herzerkorenen" auch das Taschentuch der Heiratswilligen geschickt worden sein.

Laube berichtete allerdings, dass Eltern und Verwandte hin und wieder Einfluss auf die Wahl zu nehmen versuchten und sah darin den Stoff für ein Gedicht: „Sind nun Eltern und Verwandte gegen eine Liebschaft, so wählen sie den Zeitpunkt, wo der Liebste zur See ist, und den Schürzengang nicht mitmachen kann. Da steht nun das arme Mädchen weinend hinter der Schürze und schilt das Meer und hofft, es werde hereintreten in´s Land und das Boot des Geliebten im Bereich der Schürze stranden. Weinend kuckt sie aber doch durch die Lücke, ob nicht wenigstens ein leiblicher Stellvertreter gewählt werden könne. Diesen abscheulich modernen Zusatz werden die Dichter weglassen mögen", spöttelte Laube.

Nicht zuletzt sollen durch diese Art von „Damenwahl“ die Ehen auf Mönchgut besonders friedlich und zufrieden verlaufen sein. „Nie hat man von Ehescheidungen oder nur von Beschwerden über ungebührliche Behandlung des einen oder des andern Theils gehört“, schrieb Schneider in seinem *Reisegesellschafter* von 1823. Bei eventuellen Streitigkeiten wurde selten prozessiert, vielmehr versuchte man, sich vor der Gutsherrschaft gütlich zu einigen. Tatsächlich dürften aber (auch?) handfeste Versorgungsinteressen eine Rolle gespielt haben. So findet sich in den *Erinnerungen einer Achtzigjährigen* von Franziska Tiburtius das folgende Gedicht mit unbekanntem Verfasser:

Mönchguter Hochzeitspaar auf einer im Juli 1905 an Gärtnermeister W. in Klein Hagen verschickten Karte.

„1. Min blage Schört hängt vör die Dör,
Min Mudder steht dorbi,
veel Burschen in den Sündagsblitz
Gahn bi dei Schört vörbi.
2. Arm Krischan sagg ick trurig gahn,
ach, dörft ich rut in Hast
Dei Arm üm minen Leiwsten slahn -,
Min Mudder hölt mi fast!
3. De rike Michel stolzt heran,
Min Mudder stödd mi rut,
Dat Hart so weih, in´n Og dei Tran,
Un ick bün Michels Brut“.

Welch Unterschied zu den Zeiten, in denen die Grundherrschaft nicht nur ein Wörtchen bei der Heirat eines ihrer Untertanen mitzureden hatte! Letztlich schien die „Freywerberey" neben den oben geschilderten wirtschaftlichen Aspekten Ausdruck der Wertschätzung der Frauen auf Mönchgut zu sein. Immerhin mussten sie – während die Männer entweder Ackerbau oder Fischfang und später Lotsendienste und Seeschifffahrt betrieben – neben dem Haushalt einschließlich Kinderbetreuung und Anleitung des Gesindes auch noch das Vieh versorgen, die Kleidung herstellen, zumindest aber ausbessern, Krankenpflege ausüben usw.. Oft hatten die Frauen auch die Haushaltskasse („Utgäbegeld") in Verwahrung. Es verwundert deshalb nicht, dass der Berliner Journalist Gustav Rasch meinte, „mit Recht sagt der Mann auf Mönchgut häufig von seiner Frau, wenn er in der dritten Person von ihr spricht – mein Herr…".

Die besonderen Bräuche rund um die Hochzeitsfeierlichkeiten auf Mönchgut können hier nur verkürzt dargestellt werden: Am Sonnabend vor der Hochzeit siedelte entweder die Braut zum Bräutigam oder umgekehrt, je nachdem, wo das Paar sein Heim gründen wollte. Die Braut brachte als Aussteuer ein Spinnrad, eine große hölzerne Lade, später auch eine Kommode, und ihr Bett mit allen Ober- und Unterbetten, dem bestickten Bettlaken, den bestickten Bettbezügen und der festlichen Bettdecke mit, als materielle Zeugnisse für den Vollzug des Ehestandes und zugleich des Wohlstandes der Braut, ihres sozialen Standes und ihrer Ebenbürtigkeit zu der Familie, in die sie einheiratete. Am Sonntag gingen Braut und Bräutigam zum heiligen Abendmahl, am Montag wurde geschlachtet und am Dienstag das Hochzeitsbrot mit Anis und Kümmel gebacken. Die Gäste wurden am Mittwoch durch die Hochzeitsbitterin („Biddersch"), die mit ihrem „Hochtidsbidderstock" von Haus zu Haus ging, eingeladen. Die Art ihres Auftretens mit zahlreichen Juchzern brachte der Hochzeitsbitterin auch den Namen „Juchte" ein. Eingeladen waren nicht nur das jeweilige Ehepaar des Hauses, sondern auch die Kinder, Knechte und Mädchen. Noch am Einladungstag kamen die eingeladenen Fischer zum Hochzeitshaus, wurden hier verpflegt und bekamen Speisen und Getränke für den ganzen Tag: Sie sollten die Fische für das Hochzeitsfest fangen. Nachmittags schmückten die eingeladenen jungen Mädchen das Hochzeitshaus mit Kränzen und Girlanden und banden auch den Schmuck für das Brautpaar und die Gäste. Kamen die Fischer abends mit ihrem Fang zurück, wurde bis in den nächsten

Morgen hinein gefeiert. Der Polterabend fand am Donnerstag statt, anfangs recht prosaisch, später auch mit dem Verlesen von Gedichten.
Die eigentliche Feier begann am Freitag. Zunächst trafen die Musikanten ein, die ersten Gäste wurden mit Branntwein begrüßt, den die Schenker (auch „Inschenker“) reichten. Diese mussten recht trinkfest sein, da sie von den Gästen (bei kleineren Hochzeiten 100 bis 120, bei größeren bis 300 Gäste!) jeweils zum Vortrinken aufgefordert wurden. Weigerte sich einer der Schenker, hieß es: „Ne, dat mütten ji! Ji könn´n mi sünst jo vergiften!“
Nachmittags wurde die Braut im Nachbarhaus „aufgeputzt“ – meist durch eine oder mehrere Frauen, die die Eigenarten der Mönchguter Tracht kannten und auch die entsprechenden Bestandteile zur Verfügung hatten.

Der Hochzeitszug auf Mönchgut. Auszug aus dem Stich „Bilder von Mönchgut. Nach Originalskizzen von F. Iwan“. Man beachte am linken Bildrand die Besucherfamilie, oder sollte es sich um die Familie des Gutsherren handeln? Die Kirche im Hintergrund soll augenscheinlich die von Middelhagen sein.

Am Hochzeitstag baten Braut und Bräutigam ihre Gäste jeweils getrennt zu ihren Wohnungen, von wo aus die beiden Gästezüge dann in Richtung Kirche gingen und sich entweder erst auf dem Kirchhof vereinigten oder von vornherein gemeinsam vom Hochzeitshaus aus losliefen. Vor dem Zug marschierten die Musiker, oft auch nur ein einzelner Spielmann, der sich „auf einer alten Trompete oder Violine wacker hören ließ”, es folgten zwei oder vier schulpflichtige Mädchen, meist die Paten des Paares, das Brautpaar, die Eltern der Brautleute und die Gäste, die sich an den Händen gefasst hatten. Am Pfarrhaus holten das Brautpaar und die Trauführer den Pastor ab. Obwohl auf dem weiteren Weg zur Kirche die Musik ausschwenkte, ging es doch recht ausgelassen zu, nicht zuletzt wegen des inzwischen reichlich genossenen Branntweins, der auch in die Kirche mitgenommen wurde.

Bei der Trauung stand die Braut zunächst links, als junge Frau dann rechts von ihrem Mann um zu symbolisieren, dass sie zunächst die linke, nach der Trauung die rechte Hand ihres Mannes sei. Eigene Trauringe gab es nicht, Kirche oder Gemeinde stellten gegen eine Leihgebühr ein Paar Ringe zur Verfügung oder die Ringe gehörten der „Brutputzer", die für das Schmücken der Braut verantwortlich war und an die die Ringe nach der Hochzeit zurückgegeben werden mussten. Auch bei der Trauung gab es Mönchguter Rituale. So durften sich die Brautleute, wenn sie vor den Altar traten, nicht umsehen, sonst – so hieß es – schauen sie nach der zweiten Frau bzw. dem zweiten Mann… Wenn sie sich die Hände reichten, so konnte dies über die künftige Herrschaft im Hause entscheiden: Wer den Daumen oben hatte, hatte auch „das Sagen". Einige Bräute sollen gar ihren Fuß auf den des Bräutigams gesetzt haben, um sich auf diese Weise der Herrschaft zu versichern…
Auf dem Rückweg von der Kirche ging es noch ausgelassener zu als auf dem Hinweg.
Nach der Trauung trennten sich anfangs beide Geschlechter: Die Frauen gingen mit der Braut zum sogenannten Warmbierhaus, wo zunächst ein paar kräftige Schlucke genommen wurden.
Jahrzehnte später ging die Gesellschaft nach der Trauung von vornherein gemeinsam zum Hochzeitshaus, um zu feiern. Hier oder in einem anderen Haus war meist die Scheunendiele zum „Speisesaal", danach zum „Tanzsaal" eingerichtet worden.
Die Kosten der Feier, an der häufig das ganze Dorf teilnahm, teilten sich die Eltern der Brautleute nach der Anzahl der von ihnen geladenen Gäste und verschuldeten sich dadurch oft über Jahre. Die Gäste brachten lediglich Milch für die Zubereitung des Hochzeitsessens mit. Auch das Besteck brachte jedermann selbst zur Feier mit; der Löffel hing im Knopfloch, das Klappmesser zogen die Männer aus der Hosentasche oder dem Stiefelschaft, die Frauen trugen es im Brustlatz. Gabeln gab es nicht. So ausgestattet, wurde ordentlich zugelangt. Dabei ging es aus heutiger Sicht durchaus deftig zu. So schildert Ina Rex am Beispiel des Fischessens die Tischsitten beim Hochzeitsmahl in der Mitte des 19. Jahrhunderts: „Die Fischstücke werden in die Hand genommen, mit dem Messer „abgemacht" (= entgrätet) und

die Gräten von den Männern unter den Tisch geworfen, von den Frauen aber in den Brustlatz gespuckt, der zu diesem Zweck vorher etwas gelockert wird. Nach Beendigung des Mahles wird draußen `ausgeschüttet´. Auch in der Stube wird der Fisch so verzehrt, da es durchaus für unpassend gilt, die Gräten auf dem Teller zurückzulassen. `Die Vornehmen´ essen jedoch nach ihrer Art, die verwundert und kopfschüttelnd von den Eingeborenen angesehen wird."

Zunächst brachten die Köchinnen, geführt von den Musikern, den Braten vom Feldbackofen herein. Für die „Bezahlung" der Köchinnen und der Musiker wurde Geld auf Tellern (für die Köchinnen mit Kartoffeln, für die Musiker mit einem Notenblatt und einem Stück Kolophonium) gesammelt. Die Speisen wurden für die „normalen" Gäste in großen Schüsseln für mehrere Personen aufgetragen; in der Regel erhielten nur die „bedeutenden" Gäste, wie zum Beispiel der Pastor, eigene Teller.

Alfred Haas stellte erschüttert fest, dass bei einer der Hochzeiten „allein für 36 Taler Kirschbranntwein ausgetrunken worden ist", eine für die damalige Zeit sicherlich unglaubliche Menge. Eine Rechnung um 1884 für eine einzige, ganz normale Hochzeit ließ auf folgenden Verbrauch schließen: 1 Fettschwein, 2 Hammel, 1 Kuh, 108 Liter Kornbranntwein, 20 Liter Rum, 35 Liter Likör und acht Tonnen Bier (1 Tonne dürfte etwa 160 l entsprochen haben!). Man aß Schweinebraten mit Pflaumen und Kartoffeln, Hümpel-up mit Peekaal (Klöße und Backobst, dazu gekochten Aal) oder Drüschelhering (weich gekochte Backbirnen mit zerriebenem Senf, saurer Milch und gekochtem Hering).

Während des Festessens wurden Trinksprüche ausgebracht, die es nicht an Deftigkeit mangeln ließen, wie der folgende:

„Alle Tonnen sollen leben,
die uns gute Weine geben.
Einbegriffen sey jedoch
Auch der Zapfen und das Loch."

Nach Mitternacht wurde der Braut zuweilen der Brautkranz abgetanzt, ihr statt dessen eine Haube, die Jung-Frauenmütze, aufgesetzt und sie musste mit allen tanzen, die dazu noch in der Lage waren - bis zum Kehraus. Den Kehraus beschrieb Franziska Tiburtius: „Dann bildeten die Burschen einen Kreis um die Braut, die in der Mitte des Zimmers stand. Während die Musik weiterspielte, nestelte die Braut an ihrem Gürtel – ein Rock fiel zur Erde, sie stieg aus dem Kreis, die Brautjungfer trat hinzu, nahm den Rock, legte ihn über den Arm, wobei Sorge getragen werden musste, dass die Schönheit und Kostbarkeit genügend zutage traten." Das Schauspiel wiederholte sich zehn oder zwölf Mal bis zu dem letzten Rock, „der Gottseidank bleiben durfte." Hintergrund war unter anderem die Sitte, dass die Braut möglichst viele und vor allem ihrem Reichtum entsprechend kostbare Röcke tragen musste. Die Bräute müssen deshalb zumindest unterhalb der Gürtellinie wie wandelnde Tonnen ausgesehen haben!

Nicht selten wurden die Hochzeitsteilnehmer, die sich inzwischen zurückgezogen hatten, sofort oder zumindest am nächsten Morgen mit einem kräftigen Tusch wieder aus dem Schlaf gerissen und mussten – oft nur spärlich bekleidet – auf einem Wagen wieder zurück zur Hochzeitsgesellschaft. Um 10 Uhr kamen auch das junge Paar und alle übrigen Gäste wieder zusammen. Nun wurde gesungen, getanzt und – „natürlich" – wieder ordentlich Branntwein getrunken. Mit dem Mittagessen etwa um 3 Uhr war die Feier offiziell beendet.

Das ganze Zeremoniell dauerte drei Tage. Danach zog wieder der Alltag ein:

„Drei Dag, drei Dag, drei lustige Dag,
Nachher da kümmt de ewige Plag.
Dann fehlt dat an Grütt, dann fehlt dat an Mähl,
Dann rohren den Buern sin Kinner so väl".

Die mit der Hochzeit verbundenen Ausgaben wurden nur in geringem Umfang durch „Leistungen" der Gäste reduziert, sei es durch die oben genannten Geldgaben, durch das Mitbringen von Geschirrteilen oder Menue-Bestandteilen, durch „Dienstleistungen" (wie das Fangen der Fische für das Mahl) und ähnliches.

Die Hochzeitsgeschenke, die gegeben wurden, waren meistens Wirtschaftsgegenstände im Werte von ca. 3 Mark, z. B. Zinnkrüge mit Widmung, einfach bemalte Bierkrüge, die nach der Hochzeit auf dem Wandschap Platz fanden, aus Holz gedrechselte oder aus Metall gefertigte Leuchter, auf die man Braut- oder Hochzeitsäpfel (Brutäppel) legte, und Erinnerungsbilder, wie den eingerahmten Brautkranz aus blühender Myrte, manchmal zusammen mit dem Myrtenstrauß des Bräutigams, oder Haarbilder (meist Blumensträuße, geflochten aus den Haaren von Angehörigen).

Eine anrührende Sitte, deren „Folgen" z. B. in Groß Zicker zu sehen sind, bestand darin, für die ersten beiden männlichen Nachkommen je einen Baum links und rechts der Haustür zu pflanzen.

Im Juni 1920 nach Bautzen verschickte Karte.

Die tägliche Arbeit wurde nur von bescheidenen Vergnügungen unterbrochen, so von Spinnstundenabenden, bei denen man sich die Zeit mit Sagen oder Spukgeschichten verkürzte, oder von einigen wenigen Gemeinschaftsspielen, die im Haus oder im Freien stattfanden. Beliebt waren jedoch Tänze, meist mit entsprechenden Liedtexten; dazu traf man sich nicht nur zu Hochzeiten oder anderen feierlichen Anlässen, man tanzte, sang und klatschte oder stampfte auch an ganz normalen Sonntagabenden auf der Diele oder im Freien, oft bis in den frühen Morgen hinein. Ein oder zwei Musikanten mit Knopfakkordeon (Treckschut), Handorgel, Geige oder Klarinette oder mit einer Kombination aus Handorgel, Becken und Pauken sorgten für Melodie und Rhythmus. Gelegentlich trat auch eine „Hand-un-Vaut-Kapell“ auf, eine Einpersonenkapelle mit Ziehharmonika und einer auf den Rücken geschnallten oder aufgestellten Pauke, die über einen Fußhebel bedient wurde.

Viele der Mönchguter Tänze waren bis weit in den Norden verbreitet; dazu gehörten unter anderem Saalhund, Schimmelreiter, Webertanz, Viertouriger, schwedische Quadrille, Vadder Michel, Dunkelschatten, Kegeltanz, Mufferine, Schustertanz, Schleifentanz, Tobakröker, Rostocker, Kat un Mus und der von vier Paaren getanzte Schüddeldebüx, dessen Schlussrefrain durch rhythmisches Stampfen mit den Füßen und Schütteln der weiten Beinkleider gekennzeichnet war.

Vereinzelt gründeten sich Volkstanzgruppen, die oft durch ganz Deutschland reisten, die heimatlichen Tänze vorführten und dabei ein wenig Geld für ihre Familien verdienten.

„Schüddelbüx", ein Volkstanz der Mönchguter, auf einer undatierten Karte.

Lange Zeit war die „Strandburg" so etwas wie das kulturelle Zentrum von Alt Reddevitz und ganz Mönchgut; hier wurden Trachtenfeste gefeiert, eine Kegelbahn und ein Schießstand luden ein, der Turnverein trat auf, eine kleine Bühne diente zur Aufführung von Volksstücken aus dem Mönchguter Volksleben, in Buden und Zelten gab es Erfrischungen, Mönchguter Altertümer sowie Schriften über Mönchgut und Rügen. Der Mönchguter Reiterverein zeigte ebenfalls sein Können - nicht ohne Erfolg. Eine Episode aus den 1930er Jahren beweist, dass er durchaus über gute Reiter in seinen Reihen verfügte: Als es bei einem Reitturnier zu einem Stechen kam, musste sich der Putbuser Fürst und Rittmeister Malte von Veltheim beim Sprung über die Mauer dem Reddevitzer Bauernsohn Hans Looks geschlagen geben.

Das erste Trachtenfest fand am 26. Juli 1908 mit hunderten Einheimischen und Fremden statt, um 150 Mönchguter und Mönchguterinnen sollen in Tracht erschienen sein. Am 25. Juli 1909 folgte das zweite Fest, an dem die

Die Strandburg auf einer im August 1907 verschickten Karte.

Putbuser Fürstenfamilie teilnahm. Zu jener Zeit, exakt 1909, trugen auf Mönchgut noch 80 Männer, 156 Frauen und nur ein Kind die Mönchguter Tracht.
Zahlreiche Besucher sollen zu diesen Festen gekommen sein und am Fuße der Strandburg soll häufig eine ganze Flotte kleiner Segelboote gelegen haben. So berichtete das *Rügensche Kreis- und Anzeigeblatt* am 25. Juli 1911, dass zum Mönchguter Trachtenfest der von Lauterbach kommende Extradampfer „Hans August" überfüllt war und „sogar noch ein gefülltes großes Boot in Schlepptau nahm". Vom Dorf erfolgte ein Festumzug mit Erntewagen und Schiffswagen, auf dem Platz vor der Strandburg war eine Rednertribüne errichtet worden, „vor der die etwa 120 im Festzuge vertretenen Mönchguter Aufstellung nahmen". „Gegenwärtig", schrieb das Blatt weiter, „sind noch 200 Mönchguter vorhanden, welche die schöne Tracht tragen". Am 23. Oktober 1954 berichtete die *Ostsee-Zeitung* über die am 8. Oktober erfolgte Beerdigung von Bauer Karl Pisch sen. in Alt Reddevitz. Er soll der letzte männliche Trachtenträger in der Gemeinde gewesen sein.

Dies alles war vorrangig auf verwandtschaftliche Beziehungen zwischen Carl, später Johann Kliesow, den Besitzern der „Strandburg", und dem Altertumsforscher und Dichter Fritz Worm zurückzuführen, „der im Orte

selbst als Lehrer wirkt". Er hatte im letzten Vers seines Liedes über Alt Reddevitz geradezu prophetisch geschrieben:
„Alt-Reddevitz, so herrlich,
Du meerumwogtes Land,
So schön wie du geschmücket
Bleibst du nicht unbekannt!"

Bis 1914 fanden die Volks- und Trachtenfeste auf der „Strandburg" statt. Mindestens vier derartige Feste zogen zahlreiche Gäste an, die zuletzt teilweise sogar mit dem Auto anreisten. Auf einem Trachtenfestplakat von 1913 ist das Programm abgedruckt:

„1. Festzug von Reddevitz nach der Strandburg.
2. Begrüßungsansprache durch den Vorsitzenden der Mönchguter Ortsgruppe, Herrn Pastor Steurich.
3. Ansprache und Prämienverteilung durch den Königl. Herrn Landrat Freiherrn von Maltzahn.
4. Mönchguter lebende Bilder. Zutritt hierzu 0,50 Mark.
5. Schüddelbüxtanz.

Für ausreichende Beköstigung ist gesorgt.
Das Festessen für die Mitglieder findet um 7½ Uhr bei Herrn Nausch in Mariendorf statt.
Der Eintritt ist frei.
Das Festkomitee."

Das reiche Vereinsleben, das offenbar kurz nach der Wende zum zwanzigsten Jahrhundert einen erheblichen Aufschwung nahm, kann hier nur erwähnt werden: Um diese Zeit wurden Turn-, Schützen-, Landwirtschaftliche, Sittlichkeits- und andere Vereine gegründet oder feierten – wie viele der bereits bestehenden Kriegervereine – schon mehrjährige Jubiläen.

Es sollte die Entwicklung der ehemaligen Fischerbauerndörfer zu Badeorten sein, die nicht ohne Einfluss auf die Mönchguter Eigenheiten, Sitten und Gebräuche blieb. Georg Paries, Lehrer und Volkskundler auf Mönchgut, brachte dies treffend in seinem *Thiesower Heimatbuch* zum Ausdruck: „Die Entwicklung scheint in dieser Linie (vom Fischerdorf zum modernen Ostseebad – d. A.) fortzuschreiten und den Fremdenverkehr auch in die entlegenen Orte unserer Halbinsel zu leiten... Manches Althergebrachte fällt leider dieser nicht rastenden Nivellierarbeit der Zeit zum Opfer. Komfortabel eingerichtete Hotels, Villen und Verkaufshallen drängen die niedrigen strohgedeckten Fischerhütten immer mehr in den Hintergrund, altmönchgutige Sprache, Tracht, Sitten und Gebräuche schwinden dahin... Die lebensvollen und farbenprächtigen Bilder, die sich in den alten Hochzeitsbräuchen vor unsern Augen entrollten, sind dahin; sie sind ein Opfer der immer weiter fortschreitenden Nivellierarbeit der Zeit geworden."

Schon vor Paries hatten Fritz Worm und der Pfarrer von Groß Zicker, Pastor Steurich, versucht durch Gründung der „Ortsgruppe zur Erhaltung der Mönchguter Volkstracht" (1908) dieser Entwicklung Einhalt zu gebieten. Die Gruppe wurde durch den Kreis Rügen und die Provinz Pommern mit Geldmitteln unterstütz, so dass Mönchguter Familien, die die alte Tracht wieder anlegten und auch ihre Kinder entsprechend kleideten, sogar Prämien – 50 Mark pro Familienmitglied - erhielten. Davon wurden 50 Prozent sofort ausgezahlt, wenn die Kinder tatsächlich die Tracht trugen, die restlichen 50 Prozent kamen auf ein Sparkassenbuch und wurden bei „Großjährigkeit" des jüngsten Kindes ausgezahlt. Prämiert wurden auch die Schneiderinnen (75 Mark) und Mützenmacherinnen (25 Mark) der Mönchguter Tracht, wenn sie junge Mädchen ausbildeten.
Ruth Bahls, 1909 als einzige Tochter des Kapitäns a. D. Wilhelm Gustav Martin Bahls und seiner 30 Jahre jüngeren, aus einer Kaufmannsfamilie stammenden zweiten Frau Caroline Sabine Hedwig in Göhren geboren, bemühte sich Zeit ihres Lebens um die Bewahrung der Mönchguter Traditionen. Als Lehrerin geriet sie, selbstbewusst und mit fortschrittlichen pädagogischen Ideen ausgestattet, mehr und mehr in Konflikt mit den Schulbehörden und wurde eins ums andere Mal in abgelegenste und wenig attraktive Schulstandorte Vorpommerns „strafversetzt". Nach dem zweiten

Weltkrieg kehrte sie nach Göhren zurück, blieb bis 1983 Lehrerin und begann mit der systematischen Sammlung von Zeugnissen der Regionalkultur Südostrügens, die sie zugleich in den Schulunterricht integrierte.

Diese Sammlung bildete die Basis für das am 1. Mai 1963 eingeweihte Mönchguter Museum, das unter der Leitung von Ruth Bahls zu einem Museum von überregionaler Bedeutung ausgebaut werden konnte. 1971 folgten der nahegelegene Museumshof, 1977 das Rauchhaus, 1982 das Museumsschiff „Luise“ in Göhren und 1986 das Schulmuseum in Middelhagen. Es begann freilich zunächst ganz bescheiden 1957 mit einer Ausstellung in der Lesehalle des Warmbads von Göhren.

Wie „besessen“ war sie von ihrer Leidenschaft: Nicht nur, dass Ruth Bahls jede Art von persönlicher Ehrung und Geschenken ablehnte („Fürs Museum jederzeit, aber bitte nicht für mich!“), sie gestattet sich nahezu kein Privatleben mehr, ordnet alles ihrer Lebensaufgabe, der Bewahrung der Mönchguter Volkskultur unter. Nicht unerwähnt bleiben soll, dass „Fräulein Bahls“, „Bahli“ oder „Bahlschen“ – so wurde sie von Verwandten, Bekannten und Schülern genannt – auf Rügen auch weit über Mönchgut hinaus denkmalpflegerisch und im Sinne des Landschaftsschutzes aktiv war.

Die undatierte Karte vom Fotohaus Knospe zeigt ein Wasserflugzeug am Strand von Sellin.

Wer auf Rügen baden wollte, kam bis zur Eröffnung des Rügendamms im Jahre 1936 nur auf dem Wasserweg auf die Insel und damit auch nach Mönchgut, wenn man von der kurzen Episode des Luftverkehrs mit Wasserflugzeugen etwa zwischen 1920 und 1936 absieht, der für Mönchgut weitgehend ohne Bedeutung war. Sofern Flugzeuge bei Sellin am Strand oder auf dem Selliner See landeten, wurden die Passagiere mit Kutschen zu ihren Badeorten gefahren.

Die Rügendammbrücke (Ziegelgrabenbrücke) mit der alten Klappbrücke auf einer am 16. August 1939 abgestempelten Karte. Links ist das Wärterhaus für den Brückendiest zu sehen, das mit einem Brückenwärter und einem Maschinisten besetzt war. Der "Reichsbahnbrückenwärter" hatte auf den Schiffsverkehr zu achten und den Schiifen tagsüber durch zwei Korbbälle, nachts durch zwei Laternen anzuzeigen, ob die Brücke geöffnet werden kann (Bälle bzw. Laternen unten). Wollte ein Schiff zu diesen Zeiten die Brücke passieren, musste es aus mindestens 500 m Entfernung ein Schallsignal von zwei langen Tönen und zusätzlich zwei Flaggen (nachts zwei Laternen) übereinander zeigen. War die Brücke geöffnet, wurde dies den Schiffen durch ein Signal am Signalmast mitgeteilt. Die durchfahrenden Schiffe wurden an einer Tafel registriert und später in ein Verzeichnis eingetragen.
Die Überwachung des Straßenverkehrs erfolgte durch einen besonderen Wärter in einem speziellen Wärterhäuschen.

Anfangs konnte keiner der Mönchguter Badeorte von den Dampfschiffen direkt angefahren werden, weil es noch keine oder nur zu kurze Seebrücken gab. Vielmehr gingen die Dampfer in einem für den nötigen Wasserstand

erforderlichen Abstand vom Ufer vor Anker und die Passagiere wurden mit Booten von den Dampfern zum Strand gebracht.
Zu den Zeitpunkten, zu denen die Dampfer erwartet wurden, hielten sich regelmäßig Fischer und Schiffer mit Spediteur und natürlich Kassierer am Strand auf. Auf ein entsprechendes Signal des Dampfschiffkapitäns fuhren sie mit ihren Booten zu den Dampfern hinaus und nahmen die Passagiere auf. Meist beinhaltete das Signal des Kapitäns auch die Information, wie viele Boote benötigt wurden. Auf eine Besonderheit verwies der Reiseführer von *Müller* von 1886 bei der Dampferfahrt nach Mönchgut, wo die Passagiere vor den Orten Reddevitz und Mariendorf „mittels eines festen Prahms ausgeschifft werden". Durch Signale des Dampfers konnte man hier rechtzeitig ein Fuhrwerk für die Fahrt nach Göhren oder Thiessow bestellen.

Die im Juli 1902 verschickte Karte zeigt das An- und Ausbooten vor Thiessow. Im Reiseführer von *Kiessling* von 1902 heißt es: „Abbooten (25 Pf.) durch Lotsen unter Umständen ungemütlich, aber gefahrlos."

„Ausbooten" nannte man diese Prozedur, wobei das Umsteigen der Passagiere von den Dampfern auf die schwankenden Ruderboote selbst bei ruhiger See stets ein kleines Wagnis war. Schließlich trugen vor allem die Damen damals eine mehr als hinderliche standesgemäße Bekleidung.

Schwierigkeiten hatten vor allem ältere und gehbehinderte Passagiere. Wenigstens das Gepäck, mit dem man damals unterwegs war, wurde meist in gesonderten Booten transportiert, nachdem es zum Beispiel in einer Art Rinne von Bord des Dampfers geschoben oder in Netze gepackt vom Ladebaum herabgehievt wurde. Hin und wieder holten sich die Besatzungen der kleinen Boote dabei Quetschungen und blaue Flecke, selten sogar Knochenbrüche.

Warten auf den nächsten Dampfer und die „Kunden" auf einer im August 1903 verschickten Karte

Bezahlt wurde in der Regel nach einer festen „Taxe" (Tarif). Das Ausbooten kostete um 1900 zum Beispiel bei Göhren 20 Pfennige, für Gepäck bis fünf Kilogramm zehn Pfennige, bei 15 Kilogramm Gepäck waren 30 Pfennige zu zahlen. Wer es sich leisten konnte, nahm sich ein Extraboot, musste dafür aber vergleichsweise tief in die Tasche greifen – der Reiseführer von *Dunker* nennt 1888 als Preis für diesen Luxus 3 Mark.

Mit dem Bau von kleineren Landungsstegen und Seebrücken bei Alt Reddevitz (Landungssteg vor dem Hotel „Meeresauge" und der „Strandburg" an der Having), Mariendorf (Bollwerk in der Hagenschen Wiek), Göhren (Seebrücken am Süd- und Nordstrand), Baabe (Seebrücke und Bollwerk in der Having), Kleinhagen (Bollwerk), Gager (in der Hagenschen Wiek)

und Thiessow (Seebrücken und Landungsstege am Ost- und teilweise am Weststrand und im Zickersee) erweitern und verbessern sich die Anreisebedingungen. Allerdings reichte der Wasserstand am Kopf der Stege und Brücken häufig nicht aus und machte an manchen Stränden dennoch das An- und Ausbooten erforderlich. So vermerkte der Reiseführer von *Grieben* 1908/09 bei Göhren: „Da Göhren eine Brücke am Nord- und am Südstrande besitzt, ist das An- und Abbooten ohne jede Gefahr fast immer möglich, die Stettiner Dampfer benutzen zu diesem Zwecke ein Motorboot." Weiter hieß es: „Ist das An- und Abbooten unmöglich, so wehen an der Flaggenstange auf dem Nordpeerd zwei Flaggen, während die Flaggen bei Hotel Brandenburg und Ecke der Strand- u. Thiessowerstr. Halbmast gehißt sind. Wird der Südstrand benutzt, so ist überall nur eine Flagge zu sehen; wird wie gewöhnlich der Nordstrand benutzt, so weht überhaupt an diesen Stellen keine Flagge."
Bei zu hohem Wellengang musste man sogar auf einen in der Nähe gelegenen Hafen oder Landungssteg ausweichen. So legte man laut Reiseführer von *Dunker* von 1888 und 1895 z. B. für Sellin in Seedorf, später auch in Baabe, für Göhren in Reddevitz (später auch Baabe oder Kleinhagen), für Thiessow in Klein Zicker oder Kleinhagen an. Im 2. Band aus der Reihe *Volckmanns Illustrierte Führer für Land- und Seereisen* „*Rügen*" hieß es über die Anreise nach Thiessow: „Von Greifswald von Ende Mai ab jeden Montag, Mittwoch und Freitag 6 Uhr morgens mit Dampfer über Lauterbach nach Kleinhagen…, wo Fuhrwerk zu Taxpreisen für Weiterbeförderung bereitsteht." Ein ähnlicher Hinweis findet sich zur Anreise nach Göhren.

Anfangs waren es eher kleine Reedereien, die Passagiere zu den Mönchguter Anlegestellen schipperten, so die „Genossenschaftsreederei Hiddensoe", die mit dem Dampfer „Caprivi" (Das Schiff konnte 120 Passagiere befördern, seine 60-PS-Dampfmaschine erlaubte 6,5 Knoten) mit Capitän Gustav Bentzien und Steuermann Heinrich Graap nach Thiessow und Göhren fuhr, oder die Reederei von C. Leidhold, Stralsund, die mit dem Dampfer „Glückauf" mit Kapitän Leithoff u. a. zwischen Stralsund, Thiessow und Göhren pendelte, die „Rhederei Aug. Spruth, Greifswald" setzte ihren Postdampfer „Mönchgut" unter Kapitän Wahl für Fahrten von Greifswald u. a. nach Thiessow und Göhren ein.

Die Karte mit Blick auf das Bollwerk Baabe trägt auf der Rückseite den handschriftlichen Vermerk: „Ostseetour 1921; 1. - 31. Mai".

Dampfer „Käte" legt in Baabe an, im Hintergrund auf dem Berg die Moritzburg. Die Karte wurde im Juni 1919 verschickt.

Hinzu kam in den 1910er Jahren die Greifswalder „Rhederei, Kapitain Wittmüß“, später „Reederei Gebrüder Wittmüß“, von der die sogenannte „Mönchgut-Linie” (Lauterbach – Neu-Reddevitz – Alt Reddevitz – Gager) bedient wurde. Ihre beliebten flotten Motorboote mit der blau-weiß-blauen Schornsteinmarke bekamen im Herbst einen dunkelgrauen Anstrich und wurden für Schleppfahrten, Stückgut- und Tourendienste, vereinzelt auch zu leichten Eisbrechereinsätzen eingesetzt. Damit umging man die bei anderen Reedereien unumgänglichen nutzlosen Liegezeiten im Winter.
In den Reiseführern der 1920er Jahre annoncierte erstmals die „Saßnitzer Dampfschiffs-Ges. zu Saßnitz“, 1901 auf Anregung des Kaufmanns und Spediteurs Paul Leßhafft als „Saßnitzer Motorboots-Gesellschaft“ gegründet, später „Dampfschiff- und Motorbootgesellschaft zu Saßnitz GmbH“ und „Saßnitzer Dampfschiffs-Gesellschaft”, die u. a. Thiessow und Baabe ansteuerte, von wo man mit dem Autobus auch nach Lobbe und Göhren fahren konnte.

Greifswald - Thiessow - Baabe - Selli

Greifswald Hafen	ab		14^{45}
Thieſſow Landungsbrücke	an		17^{15}
Thieſſow (Autobus)	ab	17^{30}	↓
Lobbe (Autobus)	an	17^{40}	
Göhren (Autobus)	an	18^{00}	
Thieſſow Landungsbrücke	ab		17^{20}
Baabe Bollwerk	ab		18^{40}
Sellin Hafen, Bollwerk	an		19^{00}

Sellin Hafen, Bollwerk	ab		7^{00}
Baabe Bollwerk	ab		7^{20}
Thieſſow Landungsbrücke	an		7^{45}
Göhren (Autobus)	ab	8^{00}	↓
Lobbe (Autobus)	ab	8^{20}	
Thieſſow (Autobus)	an	8^{35}	
Thieſſow Landungsbrücke	ab		8^{50}
Greifswald Hafen	an		11^{30}

In Greifswald günſtige Zuganſchlüſſe von und nach dem Inlande.

Fahrpreiſe:

	Einf.	Hin u. zurück
Göhren-Sellin oder umgekehrt	0,80	1,20
Göhren-Binz oder umgekehrt	1,30	2,00
Göhren-Saßnitz oder umgekehrt	2,80	4,00
Göhren-Stubbenkammer oder umgekehrt	4,00	5,00
Göhren-Stubbenkammer zurück Saßnitz-Göhren		4,50
Göhren-Lohme od. umgekehrt	4,50	6,00
Göhren-Glowe oder Juliusruh oder Arkona	5,50	6,50
Sellin-Binz oder umgekehrt	0,80	1,20
Sellin-Saßnitz oder umgekehrt	2,50	3,50
Sellin-Stubbenkammer oder umgekehrt	3,50	4,70
Sellin-Stubbenkammer zurück Saßnitz-Sellin		4,00

Fahrplanangaben der „Sassnitzer Dampfschiffs-Gesellschaft” von 1929, als Beilage zu Reiseführern gedacht.

Die oben genannten Fahrpreise sahen in den Inflationsjahren ganz anders aus: Im Reiseführer von *Geuter* für 1923/24 wurde der Preis für den Dampfschiffs- und Motorbootverkehr für Fahrten von Sassnitz nach Göhren genannt, der 5.000 Mark betrug.

Wesentlich bekannter und auch mit komfortableren und schnelleren Schiffen ausgestattet war die „Reederei J. F. Braeunlich, Stettiner Dampfschiffsgesellschaft m. b. H.“, die in den 1910er Jahren im Verkehr von Stettin über Swinemünde nach Rügen u. a. die Doppelschraubendampfer „Hertha“ (er konnte mit 2.600 PS Leistung und einer Geschwindigkeit von 15 Knoten mit 54 Mann Besatzung 1.280 Passagiere befördern) und „Odin“ „mit ihren vielen Salons und weiten Promenadendecks“ zum

Einsatz brachte, später auch den eleganten Salonschnelldampfer „Freia“, der u. a. Göhren anfuhr (von Stettin nach Göhren wurden rund 6¾ Stunden benötigt). Zwei Jahrzehnte später, in den 1930er Jahren, kann man mit den „größten, schnellsten, elegantesten Seedampfern“ „Rugard“ und „Hertha“ nach Rügen schippern.

Salondampfer "Odin" der Braeunlich-Reederei auf einer nicht verschickten Karte mit Bordstempel vom August 1925

Bereits 1900 wurde Mönchgut mit seinen damals 2.308 Einwohnern von 7.433 Badegästen aufgesucht, wovon sich die meisten in Göhren aufhielten. 1901 wurde Göhren von 6.800, Thiessow von 731 und Baabe von 283 Gästen besucht. Bereits 1908 verzeichnete Göhren 10.818, Thiessow 1.249 und Baabe 1.531 Badegäste.

Neben dem wachsenden Verkehr durch die Ausflugsdampfer trug auch die rügensche Kleinbahn, der „Rasende Roland”, der ab 1899 bis Göhren fährt, zu dieser Entwicklung bei.

Der Rasende Roland in Baabe auf einer Ansichtskarte, die im Juli 1930 verschickt wurde. Im Hintergrund links ist das Gemeindehaus mit Postamt zu sehen, vorn der „Strand-Bazar“ mit allerlei Reiseandenken, Badeartikeln, Leihbibliothek, Kurwage.

Der Bahnhof von Baabe auf einer undatierten Karte.

Der wachsende Zustrom an Badegästen erforderte in den Mönchguter Badeorten neben der Schaffung von Möglichkeiten zur Unterbringung, Versorgung und Unterhaltung der Badegäste zwangsläufig auch Anstrengungen zur Verbesserung der Straßenverhältnisse sowie zur Ausstattung der Hotels, Pensionen und Gaststätten mit Wasser-, Strom- und Telefonanschlüssen. Was zuvor nur schleppend oder gar nicht erfolgte, ging nun häufig zügig voran.
Im *Heimatskalender* von 1908 schildert Emil Steurich rückblickend die alten Straßenverhältnisse: „Zu dem Damm, der jetzt von Middelhagen nach Putbus führt, war vor 150 Jahren noch kein Stein gelegt... Jeder suchte sich seinen eigenen Weg. Zehn, zwanzig und mehr Geleise gingen da nebeneinander, aber nicht so ordentlich wie die Geleise der modernen Eisenbahn, daß der Kutscher beim Fahren schlafen konnte, sondern über Stock und Stein, bald auf eine Düne hinauf, bald in ein tiefes Loch hinunter. Von Middelhagen bis Lobbe ging es sogar eine große Strecke durchs Wasser hindurch. Deshalb waren da große Steine gelegt, ... richtige Steine des Anstoßes. Und wenn auch der Fußgänger unter Anwendung turnerischer Künste von einem zum anderen schreiten oder springen konnte, so musste doch der Fuhrmann wohl aufpassen, daß ihm nicht ein Rad oder die Achse am Wagen zerbrach, wenn er mit einem dieser Steine in Berührung kam..."
Elizabeth von Arnim, die Rügen mit der Kutsche bereiste, schilderte in ihrer 1904 erstmals erschienenen Reisebeschreibung den Weg nach Thiessow: „Hätten wir nicht die ganze Zeit Thiessow liegen sehen, so hätten wir den Weg verloren, denn es gibt keine Straße... Das Holpern war so unerträglich, daß ich schließlich ausstieg und zu Fuß ging. Für die Pferde war es schwere Arbeit und der Wagen hatte viel auszuhalten."

Die von Arnim hätte nur einige Zeit warten müssen, denn „bestimmt gleich nach Ostern" 1904 sollte nach einer Meldung des *Rügenschen Kreis- und Anzeigeblattes* vom 31. März 1904 mit dem Bau der Chaussee von Middelhagen nach Thiessow begonnen werden. So war es dann auch. Auf Druck des damaligen Pächters von Gut Philippshagen, Amtsrat Schlieff, zugleich Vorsteher des Amtsbezirks Mönchgut und Abgeordneter des Rügenschen Kreistages, beschloss der Kreistag 1904 den Chausseebau, der 1907 beendet wurde. Am 11. August 1905 konnte das gleiche Blatt über den Abschluss des Teilstücks von Middelhagen bis Lobbe berichten.

Typische Straßenverhältnisse in den Mönchguter Orten. Dorfstraße in Thiessow mit leider undatiertem Blick auf das ehemalige Kaufhaus Wilhelm Zacharias im „Haus Gerda" mit Niederlage der Mönchgut-Apotheke (Apotheker Otto Rheder in Göhren) im Besitz von Lotsen-Witwe Bantow. Sie bot in ihrem Haus um 1930 vier „freundl., gut eingerichtete Zimmer" mit „vorzügl. Betten" an. Man beachte neben der umfangreichen Angebotsliste des Kaufhauses auch das Fahrzeug rechts.

„Die Anlage ist in der Weise ausgeführt, dass die Straße von Middelhagen bis zum Ende des Middelhäger Deiches sowie die Strecke durch Lobbe mit Pflaster versehen und der übrige Teil des Weges chaussiert wurde. Die Ausführung dieser Arbeit bewirkte Herr Steinmetzmeister Scharp aus Stralsund. Die Chaussierung der Strecke zwischen Lobbe und Thiessow erfolgt unter Leitung des Aufsehers Herrn Mittelstädt aus Bergen."

Um Steine zu sparen, wurde häufig nicht die gesamte Straßenbreite gepflastert, sondern nur ein drei bis vier Meter breites Stück Fahrbreite, links und rechts davon schloss sich der so genannte Sommerweg an. Der Sommerweg wurde gern von Pferdefuhrwerken genutzt. Zum einen ersparte er den Pferden, vor allem den unbeschlagenen, den harten Pflasterweg, zum anderen rumpelten die anfangs meist mit eisenbeschlagenen Rädern versehenen Wagen weniger heftig. Die Beschaffung des erforderlichen Materials muss tatsächlich einige Schwierigkeiten bereitet haben, denn das *Rügensche Kreis- und Anzeigeblatt* vom 15. Juni 1904 berichtete, man habe „eine alte Kirchhofsmauer… angekauft…, wovon die Steine benutzt werden. Der nötige Lehm wird zum Teil von dem ziemlich hohen Lobber Ufer entnommen, wohin zu diesem Zweck Feldbahngeleise gelegt worden ist."

Blick auf die Strandstraße von Baabe zu verschiedenen Zeiten. Oben vorbei am Strand-Cafe Winkler. Unten auf einer im Juli 1936 abgeschickten Karte.

Der Reiseführer von *Volckmann* von 1913 – 1914 bemerkte dann zur gleichen Wegstrecke: „... bei Hitze (ist) der öde Steindamm der Mönchguter Landstraße von Baabe bis Thießow zu meiden, auf dem sonst wegen der Aussicht und Orientierung nicht ohne Anregung zu wandern ist." Offenbar war der von der von Arnim bemängelte Weg inzwischen befestigt, aber wohl noch nicht mit den Schatten spendenden Alleebäumen versehen worden.

Blick in eine Villenstraße in Göhren mit dem Geschäft von C. Koch und dem Schuhwarengeschäft von Otto Reim (rechts), links ist das Berliner Weinstüberl im Kaufhaus von Luise Meyer zu erkennen. Die Karte ist undatiert.

Einen unkonventionellen Belag muss die Straße von Göhren nach Lobbe einst gehabt haben: Der damals unbefestigte Straßenabschnitt am Südstrand wurde vom Wind immer wieder so stark mit Sand zugeweht, dass die Fuhrwerke Schwierigkeiten hatten, durchzukommen. Man kippte deshalb kurzerhand alle möglichen Abfälle ab, mit denen ein Gemeindearbeiter dann den Weg planierte. Unter den Einheimischen hieß die Straße deshalb „Blechdosenallee“. Einen Eigennamen hatte auch die alte Landstraße, die Baabe mit den Hagendörfern verband, einen steilen Berg hinauf führte und deshalb „de dumme Stieg” genannt wurde.

Einen nicht geringen Anteil an der Forcierung des Chausseebaus Middelhagen – Lobbe – Thiessow, um den sich die Mönchguter seit 1875 vergeblich bemüht hatten, muss der damalige Landrat Hans Jasper Freiherr von Maltzahn (1869-1929) gehabt haben. Wegen seiner erfolgreichen Bemühungen um die Verbesserung der Verkehrsverhältnisse auf der gesamten Insel wurde er von der Bevölkerung bald der „Rügensche Wegebauer“ genannt.

Erst Anfang des 20. Jahrhunderts setzen sich Wasserleitungen, Elektrizität und Telefonanschlüsse in den Hotels, Pensionen und Gaststätten durch. Zuvor gab es auf den Zimmern lediglich eine Waschschüssel und eine Wasserkanne, vielleicht eine Küche, den Nachttopf unter dem Bett oder eine Toilette auf dem Flur oder sogar auf dem Hof, und mit etwas Glück im Ort eine Poststelle und einen Telegraphen. Die Einheimischen versorgten sich über eigene oder Gemeindebrunnen.

Zuerst war in Göhren durch das 1899 bis 1900 mit großem Aufwand geschaffene „ausgedehnte... Kanalisations- und Wasserleitungsnetz... dafür gesorgt, daß einerseits alle Verunreinigungen gründlich und regelmäßig abgeführt werden, andererseits, daß durch reichliche Sprengung der Straßen die Luft auch im Orte selbst stets kühl und staubfrei erhalten wird", vermerkte der Reiseführer von *Richter* 1914.

Der ehemalige Wasserturm von Göhren am Hotel „Nordperd" auf einer im Juli 1903 geschriebenen Karte

Das Wasserwerk von Göhren in einem Prospekt der Badeverwaltung von 1903.

Erst 1964 erhielt Groß Zicker einen Wasseranschluss. In Vorbereitung dazu wurden jeweils 10 Meter lange Stücke verlost und von den betreffenden Einwohnern in Eigenleistung Gräben geschachtet, in die dann durch Handwerker die Rohre verlegt wurden. Weniger schnell als das Ausschachten soll das Verfüllen der Gräben erfolgt sein...

Das am ehemaligen Ausfluss des Großen Lobber Sees als technisches Denkmal erhaltene letzte von einst rund 30 Windschöpfwerken auf Rügen diente zwar auch der Wasserversorgung, aber nur für die Landwirtschaft. Mit seiner Hilfe wurde über eine archimedische Röhre Wasser abgepumpt. 1920 von der Firma Köster aus Heide (Schleswig-Holstein) erbaut, war das Schöpfwerk, ein sogenannter Langsamläufer, bis 1955 in Betrieb.

Die Einführung von elektrischer Straßenbeleuchtung an Stelle der bisherigen Petroleumlampen erfolgte in Göhren 1913. Bereits 1908 hatte das *Rügensche Kreis- und Anzeigeblatt* aus Göhren davon berichtet, dass es nunmehr beschlossene Sache sei, daß „wir bis zum Beginn der Saison in unserem Badeort elektrisches Licht haben werden. Die Schuckert-Werke führen die Herstellung der Zentrale auf Kosten der Gemeinde aus…“.

Fritz Worm fasste die weitere Entwicklung zusammen: „...bald verschwanden... die unschönen Holzmasten für die Lichtanlagen im Orte, und hohe mit Oelfarbe gestrichene Eisenträger führten die Leitungen nun an den Straßen entlang. Doch auch diese standhaften, für die Ewigkeit geschaffenen eisernen Masten verschwanden schon nach kurzer Zeit von der Bildfläche, und die so nützlichen und doch so störenden Drähte werden zu einem unterirdischen Kabel vereinigt."

Alter Strommast (?) vor dem Kurhaus in Göhren auf einer undatierten Karte.

Lehrer Hubert Walter erwähnt in seiner unveröffentlichten Chronik, dass im Februar 1914 durch die Gemeinde Groß Zicker die Bewilligung der Kosten für den Anschluss an das elektrische Ortsnetz unter der Bedingung erfolgte, dass die Anschlussnehmer sich gegenüber der Gemeinde verpflichten mussten, die Kosten der Gemeinde zurückzuerstatten. Laut Protokollbuch der Gemeinde sollten 6.500 Mark angeliehen und ein Staatsdarlehn von 1.700 Mark aufgenommen werden, welches nach drei zinsfreien Jahren in fünf gleichen Jahresraten zu tilgen war. 1930 wurde durch die Selliner Firma Krüger die Straßenbeleuchtung installiert, Kosten 597,40 Mark, die in fünf Raten bezahlt wurden. In der Folgezeit kam es zu Wechseln in der Elektrizitätsgesellschaft (zuletzt Märkisches Elektrizitätswerk), wodurch schließlich auch die Strompreise auf 8 Pfennige/kWh gesenkt werden konnten. Bis dahin (1939) waren durch die Anschlussnehmer für Licht 30 Pfennige/kWh, für Kraftstrom 15 Pfennige/kWh zu zahlen, zuzüglich einer Zählermiete von 50 bzw. 25 Pfennigen im Monat.

Noch in den 1930er Jahren wird in Formularen, die die Zusammensetzung des Zimmerpreises in den Hotels und Pensionen erläutern, die „Beleuchtung“ als Preisbestandteil gesondert ausgewiesen:

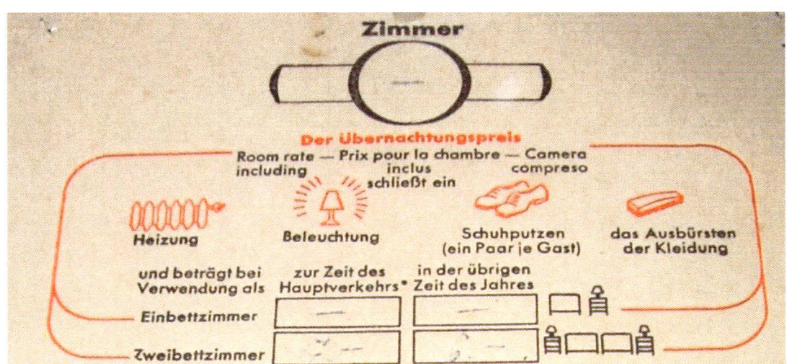

Zimmer

Der Übernachtungspreis
Room rate — Prix pour la chambre — Camera
including inclus compreso
schließt ein

Heizung
Beleuchtung
Schuhputzen (ein Paar je Gast)
das Ausbürsten der Kleidung

und beträgt bei Verwendung als
zur Zeit des Hauptverkehrs*
in der übrigen Zeit des Jahres
Einbettzimmer
Zweibettzimmer

Formular, auf dem die Zusammensetzung des Zimmerpreises erläutert und bestätigt wird.

Erst gegen Ende des Jahrzehnts wird in Prospekten ausdrücklich darauf hingewiesen, dass „Licht“ Bestandteil der „Zimmerleistung“ und folglich auch des Zimmerpreises ist.

Über den Telefonanschluss von Groß Zicker schrieb Lehrer Walter, dass der Telefonverkehr bis 1936 auf Handvermittlung basierte, sogar ein Ortsgespräch musste vermittelt werden. Man konnte nur telefonieren, wenn in Thiessow Dienststunden waren. Dann wurde der Wählbetrieb mit dem Fernamt in Bergen eingeführt. Dabei wurde Groß Zicker zu einem selbständigen Bezirk und die damaligen 25 Teilnehmer mussten schon ein Ferngespräch führen, wenn sie nur nach Lobbe telefonierten. Der erste Anschluss wurde vor 1914 in der Posthilfsstelle von Groß Zicker eingerichtet, den zweiten ließ Kantor Brandt für sich herstellen, 1938 hatte Groß Zicker vier Fernsprechteilnehmer. Weitere Verbesserungen erfolgten erst Mitte der 1960er Jahre.
Soweit in den Prospekten und Reiseführern Telefonnummern angegeben sind, wird erkennbar, dass viele Vermieter (und die Spediteure) recht schnell auf diese Neuerung zugegriffen haben. Nicht selten waren die Telefone in den Hotels zunächst auch die einzigen in der jeweiligen Ortschaft. Die

folgende Auswahl an Fernsprechnummern auf Mönchgut nennt jeweils die niedrigsten, die ausgewiesen wurden:

In Göhren wurde für „Carl Kröger, amtl. Bahn- und Dampfschiff-Spediteur" die Nummer 1 ausgewiesen (laut Reiseführer von *Grieben* von 1910-1911), das „Ostsee-Hotel und Pension I. Ranges" wurde im *Grieben* 1904-1905 mit „Telephon No. 2" genannt (Göhrens ältestes Hotel, „Hotel Brandenburg", verwies zwar auf ein Telefon, nannte aber keine Nummer), in Thiessow war das „Kurhaus und Strandhotel" mit der Fernsprech-Nummer 1 ausgestattet (*Grieben* 1928), Hotels und Pensionen in Baabe waren lange Zeit nur über Amt Sellin erreichbar („Strand-Hotel und Pensionat" wurden im *Grieben* 1926 unter dem Ruf Sellin 72 geführt, die „Pension Kurhaus" wurde in einem Prospekt mit dem Ruf Amt Sellin 9 ausgewiesen), Pensionen und Hotels in Lobbe rief man über Amt Göhren an (Karl Kliesow´s „Gasthaus zum Walfisch" hatte nach *Grieben* 1922 den Ruf Göhren Nr. 31).

Die lange Zeit mit der Telefoneinführung verbundenen Telegrafenstangen dienten häufig nicht nur als auf Wanderkarten gern genutzte Orientierungshilfen, sondern wurden bald auch in einer Weise genutzt, die den Unwillen der „kaiserlichen Oberpostdirection" hervorrief: Das *Rügensche Kreis- und Anzeigeblatt* berichtete am 28. April 1903, dass die „Telegraphenstangen durch alle möglichen und unmöglichen Plakate verunziert werden. Bisher klebten findige Geschäftsleute… ihre Reklameplakate an die Stangen. Schön sieht eine derartige Stange ja nicht aus, aber es war doch eine sehr billige und oft recht wirksame Reklame". Jetzt sei jedoch „Anordnung getroffen", dass jeder, der eine Stange beklebe oder dazu den Auftrag erteile, „bei der Staatsanwaltschaft wegen Sachbeschädigung angeklagt wird".

Während viele Mönchguter Eigenheiten, Sitten und Gebräuche, manches Handwerk, Sprache und Tracht immer mehr verdrängt und vergessen, allenfalls noch für die Badegäste bei Volks- und Trachtenfesten vorgeführt oder in den Museen gezeigt wurden, ergaben sich für die Mönchguter auch neue Erwerbsmöglichkeiten, von denen sie schrittweise Gebrauch machten. Ein Beispiel für diesen Übergang zeigt die folgende undatierte Karte, auf der sich im Vordergrund Baaber Fischer mit ihrem traditionellen Handwerk befassen, während andere im Mittelgrund Badegästen augenscheinlich die beliebten Ausflugsfahrten mit ihren Booten anbieten.

Die Mönchguter Fischerbauern nutzten den aufstrebenden Badebetrieb, um den Badegästen, die sich selbst versorgen wollten, ihre Produkte anzubieten, anfangs als „fliegende" Händler, bald auch mit eigenen Ständen auf Märkten oder unter Vermittlung durch einen Händler. Einzelne Mönchguter betrieben auch eigene Ladengeschäfte mit unterschiedlichem Sortiment, wie Kaufmann Wilhelm Zacharias, der um 1930 in Thiessow im „Haus Gerda" bei Witwe Anna Bantow ein Geschäft einrichtete, das u. a. „Kolonialwaren, Delikatessen, Konfitüren, Südfrüchte. Spezialität: ff. Aufschnitt. Spirituosen, Tabakwaren, Drogen, kosmetische Wirtschafts- und Badeartikel, Ansichtspostkarten, neueste Aufnahmen in großer Auswahl" anbot. Im Haus befand sich außerdem eine Niederlassung der Mönchgut-Apotheke und nicht zuletzt wurden in einer Annonce die „freundl., gut eingerichtete(n) Zimmer.

Mönchguter Fischer auf dem Markt. Die Karte ist undatiert.

Vorzügl. Betten“ (insgesamt vier Zimmer) empfohlen (siehe Abbildung auf Seite 74).

Der Ausschnitt aus einer im Juli 1925 verschickten Karte zeigt die Göhrener Bücherstube und Leihbibliothek. In der Mitte werden die neusten Zeitungen angeboten, darunter die Deutsche Zeitung, Lokalanzeiger, Dresdner Anzeiger, Leipziger Neueste Nachrichten, Deutsche Tageszeitung, Sächsische Zeitung (?).

Einige Mönchguter waren in den Badeanstalten als Badewärter und Badewärterinnen tätig, kümmerten sich um die Kleidung, die Wertsachen und die Badewäsche der Gäste, kassierten die Gebühren für den Besuch der Badeanstalten und die Nutzung der Badzellen oder sorgten sich als Kindermädchen um die Sprösslinge der betuchten Badegäste. Andere fanden Beschäftigung in den Hotels, Pensionen und Gaststätten oder trugen auf andere vielfältige Weise zur Unterhaltung der Badegäste bei.

Die ergiebigste Erwerbsquelle, die sich mit dem Badebetrieb ergab, dürfte jedoch die Vermietung von Zimmern und Wohnungen an die Badegäste, später auch der Bau von Pensionen, Gasthäusern und Hotels gewesen sein. Gar nicht selten waren die Pensionen und Gasthäuser mit kleinen Läden oder anderen Gewerben verbunden, die zusätzliche Einnahmen erbrachten, weil die Einkünfte aus Beherbergung und Beköstigung der Gäste anfangs nicht ausreichten. Drei Beispiele derartiger Erwerbs-Kombinationen waren „W. Hoffmanns Gasthaus und Kolonialwarenhandlung“ in Gager, „Konditorei und Café Gottschalk“ in der „Villa Erika“, auch „Logierhaus“ in Thiessow und der Gasthof von Wilhelm Nausch in Mariendorf, der ab 1893 von einem Schuppen an der Dampferbrücke in Kleinhagen einen erfolgreichen Kohlehandel mit einigen Badeorten betrieb.

Blick in das Herrenbad von Thiessow auf einer im Juli 1918 verschickten Karte. Gut sind die „Zellen“ zum Umkleiden, die zum Trocknen aufgehängte Badewäsche und das Personal zu erkennen.

Der Ausrufer von Göhren auf einer kolorierten Karte, zusätzlich ist das Bild eines Straßenkehrers eingefügt. Die Karte ist unbeschrieben (um 1905/10).

Die Mönchguter Dörfer hatten zwei verschiedene Anlagenformen: Das so genannte Haufendorf war durch regellos in ungleichen Entfernungen voneinander angeordnete Einzelhöfe charakterisiert. Prägnantes Beispiel war Baabe.

Blick aus der Vogelperspektive auf die „Trennlinie" zwischen dem neuen (links) und dem alten Baabe (rechts) durch die bogenförmige Trasse des Rasenden Roland. Erkennbar ist im linken Bildteil der Beginn der zum Strand führenden Promenade. Bei dem großen Gebäude links von der Schnittstelle Strandstraße/Kleinbahn handelt es sich um das Gemeindehaus, in dem Kurverwaltung, Post und Telegrafenamt untergebracht waren. Heute befinden sich hier u. a. das Bürgermeisteramt und die Polizei. Das zweistöckige Gebäude rechts davon war das „Haus Waldeck", heute befindet sich hier das Wohnhaus Göhrener Chaussee 13. Das große Gebäude wiederum rechts davon ist die „Villa Eden", heute Hotel „Eden" (Dorfstraße 1). Bei den gegenüber, auf der anderen Straßenseite erkennbaren größeren Gebäudekomplexen handelt es sich um das Hotel „Zur Ostsee", heute „Ostseehotel Baabe" und das „Hotel Seestern", heute Wohnhaus.

Straßen- oder Reihendörfer mit nebeneinander liegenden Gehöften, die außerdem mit den gleichen Hausfronten zur Straße wiesen, waren u. a. Alt und Neu Reddevitz, Mariendorf und Gager. Da sie außerdem nur an einer Straßenseite bebaut waren, witzelte der Volksmund, dass hier „der Pfannkuchen nur auf einer Seite gebacken wird".

Alt und Neu Reddevitz

Alt Reddevitz ist ein typisches Reihendorf, worauf das slawische „radovica“ oder „radowy“ (= gereiht) hinweisen. Vereinzelt wird Reddevitz auch als „kampfeslustig, eifrig, munter”, abgeleitet vom slawischen „radovice”, gedeutet.

Da man den gesamten nördlichen Bereich des 1252 in Eldenaer Klosterbesitz übergegangenen Mönchgut „Reddevitzer Land“ nannte, wird eine bestimmte Vormachtstellung des 1249 erstmals urkundlich erwähnten Dorfes in der Zeit der Slawen vermutet. In Urkunden wird selbst nach der Säkularisierung im Jahre 1535 noch einige Zeit von „Reddevise auf Rugenn zuer Eldena gehörich“ gesprochen.

Ab 1569/70 werden 18 Bauerngehöfte genannt, im Jahre 1574 weisen Urkunden elf Höfe, einen Hof mit Krug und sieben Katen aus. „Kirchentechnisch“ gehörte man in jener Zeit zu Groß Zicker, weshalb der Kirchenzehnten laut einer Urkunde von 1601 an den dortigen Pfarrer zu liefern war.

Blick in Richtung Reddevitzer Höft. Auf der Rückseite ist als Besitzer des Hotels “Strandburg” (am rechten Bildrand) Leopold Haase genannt. Die Karte dürfte aus den 1920er Jahren stammen. Auf der ansonsten ungeschriebenen Karte wurde handschriftlich vermerkt: „Aufenthalt vom 1. Aug. mit 3. Sept. Herrliche Verpflegung 4,5 M.“

Die schwedischen Landvermesser zählten 1695 16 bäuerliche Gehöfte, davon sieben Voll- und fünf Halbbauern, zwei Kossaten, eine Witwe und einen Kuhhirten, sowie zwei Einliegerkaten für „untaugliche Leute“. Landschaftlich interessant ist das Reddevitzer Höft, das bei Alt Reddevitz seinen Anfang nimmt.

Fast alle Reddevitzer Bauern betrieben Fischfang und trockneten ihre Heringsnetze gemeinsam auf dem Inselkern und unter Nutzung einer Schlucht zur Having. Auch die auf dem Backofenplatz eingerichteten beiden mit Grassoden bedeckten Rundöfen betrieb man gemeinsam, da nur die größeren Gehöfte eigene Backöfen besaßen.
1806 verzeichnete Alt-Reddevitz neben acht Voll- und vier Halbbauern sowie zwei Kossaten, fünf Einliegern und einem Kuhhirten auch einen Tagelöhner-Schumacher, 1844 wurden für das im Domanialbesitz befindliche Dorf 176 Einwohner in 25 Häusern ausgewiesen.
1847 trugen sechs Bauern mit Unterstützung durch die Königlich-preußische Regierung ihre Wohn- und Wirtschaftsgebäude und die Altenteilerkaten im Dorf ab und bauten sie im Reddevitzer Höft neu auf.
Ende des 19. Jahrhunderts errichtete ein Müller seine Gallerie-Holländer-Mühle auf der Höhe des Inselkernes, drei Bauern bauten sich ihre Bockwindmühle zum gemeinsamen Schroten 1906 am südlichen Dorfrand beim Flüsschen Recknitz an der Hagenschen Wiek auf.

Den Plan zum Bau der Holländer-Windmühle nahe der "Strandburg" hatte Müller Carl Unruh 1888 vom Dorfschulzen M. Koos bestätigt bekommen. Später soll Heinrich Damp die Mühle gekauft und damit in Gager sein eigenes Mehl, hin und wieder auch für Verwandte und Nachbarn, gemahlen haben. Die Karte wurde 1905 verschickt.

Als Badeort war Alt Reddevitz den meisten Rügenbesuchern zunächst völlig unbekannt; erstmals Anfang des 20. Jahrunderts wird näher auf den Ort als Ausflugsziel von Göhren aus eingegangen: „In letzter Zeit“ (so der Reiseführer von *Schuster* von 1913 – 1914) „wird das so idyllisch gelegene hochinteressante Fischerdörflein, welches sich meilenweit zwischen zwei allerliebsten Ostseebuchten erstreckt, von vielen Fremden besucht“. 1929 konnte man immerhin rund 1.000 Sommergäste begrüßen.

Blick auf den Gasthof “Seeblick” auf einer im August 1910 verschickten Karte. “Gestern abend glücklich hier bei Fam. Frisch angekommen. Wir freuen uns über das Wiedersehen sehr. Wie lernt man in der Fremde die Freundschaft erst so recht schätzen.” Besitzer ist Rudolf Koos, der sein Haus später in “Hôtel Meeresauge” umbenennt.

Zwischen 1901 und 1903 entstand etwa 10 Minuten vom Dorf entfernt an der Having auf einer Anhöhe mit der „Strandburg“ das erste Hotel von Alt Reddevitz. Anfangs sollen einige Mönchguter „kopfschüttelnd die Rentabilität des Unternehmens bezweifelt“ haben, wurden aber bald eines besseren belehrt, schrieb das *Rügensche Kreis- und Anzeigeblatt* am 15. August 1905. „Anmeldungen zu längerem Sommeraufenthalt gingen von Erholungssuchenden zur diesjährigen Hauptsaison in so reichem Maße ein, dass die Reflektanten (Bewerber – d. A.) bei weitem nicht alle berücksichtigt werden konnten. Seit dem Bestehen des Etablissements nahm auch der Fremdenverkehr nach unserm etwas versteckt und einsam gelegenen Örtchen einen nie geahnten Aufschwung.“

Erbaut durch Kapitän Carl Kliesow waren spätere Inhaber (ab 1910) der Zimmermann Johann Kliesow, der schon beim Bau Hand angelegt hatte, und nach ihm in den 1920er Jahren Leopold Haase. Im Zimmer des Aussichtsturms befand sich eine „prächtige" Sammlung von Feuersteinwerkzeugen und Versteinerungen, Balkons und Turm des zweistöckigen Gebäudes in der typischen Bäderarchitektur sollen „reizende", „großartige" bzw. „herrliche" Aussichten geboten haben.
Die Benutzung der Badezellen für Seebäder in der Having war für die Hotelgäste frei, Kurtaxe war nicht zu bezahlen, Boote standen zur Verfügung. Zum Hotel gehörte am Abhang zur Having ein „schattiger" Park, für die Anreise wurde eine Bootsfahrt von Baabe aus empfohlen.
Lange Zeit war die „Strandburg" so etwas wie das kulturelle Zentrum von Alt Reddevitz, ja von ganz Mönchgut.

Die Karte trägt den Stempel von 1906. „Die Kinder rudern jetzt, nachher baden sie, sie wollen aus dem Wasser garnicht mehr raus."

Zu den Besuchern der Strandburg gehörte auch die fürstliche Familie aus Putbus, wie das *Rügensche Kreis- und Anzeigeblatt* am 9. Oktober 1907 berichtete: „Gestern Nachmittag machte die fürstliche Familie einen Segelausflug nach dem hierorts so idyllisch gelegenen Hotel Strandburg. Mit großem Interesse wurde die Sammlung prähistorischer Altertümer besichtigt und vom Aussichtsturm die Fernsicht über die Berge, Täler und Buchten unserer schönen Halbinsel Mönchgut, die in grauer Vorzeit auch einmal zum Besitz der fürstlichen Vorfahren gehörte, genossen. Nachdem die Herrschaften den Kaffee im Hotel eingenommen hatten, verabschiedeten sie sich mit den Worten der Versicherung: ‚Es hat uns ausgezeichnet bei Ihnen gefallen. Auf baldiges Wiedersehen!'".

„Reddevitzer Höft: mit Dampfer ‚Käthe' ab Lauterbach bis Reddevitz-Strandburg, Aussichtsturm; es gab jedoch Unsicherheit, ob sich die Linie hält", vermerkte der Reiseführer von *Grieben* 1914/15. Tatsächlich schlief die kleine Bäderlinie bald ein, von der Anlegestelle an der Having sind keine Überreste zu erkennen.

Der Strand der „Strandburg" an der Having auf einer im August 1941 abgeschickten Karte. „Soeben kehre ich von einem großen Spaziergang, den ich mit einem Ehepaar, welches hier wohnt, machte zurück. Wir haben im Hotel Strandburg gespeist wie die Fürsten. Eine kalte Platte, ich kann dir das garnicht schreiben, das muß ich erzählen – ganz groß. Das war wirklich ein sehr, sehr schöner Sonntag. Heute Mittag aß ich Kirschsuppe, Schweinebraten m. Gemüse (100 g. Fl.), Schokoladenspeise m. Van. Und nun heute abend noch das feudale Essen. Einfach herrlich. Schade, daß ich Euch nicht etwas davon schicken konnte. Na, Ihr werdet ja auch nicht verhungern, nicht wahr? Habt Ihr Euch die Flundern u. Bücklinge schmecken lassen?" Auf dem Kartenrand heißt es dann noch, „dieser Strand gehört direkt zum Hotel".

In den 1930er Jahren ist Alt Reddevitz schon kein Geheimtipp mehr. Der Reiseführer von *Woerl* sieht 1935 – neben der idyllischen Lage „zwischen zwei lieblichen Buchten“ und der Bewahrung Mönchguter Traditionen - einen der Gründe für die zunehmende Beliebtheit des Ortes darin, dass „die kleinen, trauten, baumumhegten Häuser… alle unmittelbar am Strande (liegen), so dass manche Gäste gleich aus ihren Zimmern ins frische Wellenbad steigen“.

Auf dem so genannten „Fliegerberg”, nordöstlich von Alt Reddevitz auf Höhe des Abzweiges aus Mariendorf, trainierten in den 1930er bis 40er Jahren Segelflieger, anfangs mehr zum Vergnügen, später in Vorbereitung auf den Einsatz als Pilot bei der Luftwaffe. Zum Spaß der Einwohner und Badegäste possierte hier hin und wieder Ewald Schmidt in Mönchguter Tracht auf einem Segelgleiter – gegen Bares freilich: „…die Aufnahme eine Mark, der Herr“.

Als die Segelfliegerei ab 1933 staatlich gefördert wurde, kamen öfters Segelfliegergruppen, um hier zu üben. Fischer Albert Möller stellte dann sein Pferd zur Verfügung, um die Flugzeuge nach der Landung wieder auf den Berg zu ziehen.
In der Beilage der *Rügenschen Post* vom 11. April 1939 wird berichtet, dass „eine der Hauptaufgaben, die General der Flieger Christiansen den NS-Fliegergruppen übertragen hat, [...] die Vorschulung des fliegerischen Nachwuchses” für Deutschlands Luftwaffe ist und sich deshalb Fliegergruppen am Osterwochenende bei Groß Zicker und Alt Reddevitz zur Schulung „von Rutscher bis zur A-Prüfung” trafen. Dabei fand auch ein Wettbewerb im Schulgleiterbau statt. In einem weiteren Beitrag vom 8. Juni 1939 wird Mönchgut als das „Segelfliegerparadies Vorpommerns” bezeichnet.
Zumindest für etwa 30 segelflugtaugliche 14-jährige Berliner Schüler, die im Rahmen der Kinderlandverschickung in Binz untergebracht waren, gab es ab Mitte 1944 die Möglichkeit, in der „Segelflugübungsstelle Alt Reddevitz” die Segelfliegerprüfungen A bis C abzulegen.
Eine 1942/43 erbaute Fliegerhalle wurde 1945 als Materiallieferant ausgeschlachtet.

Alt Reddevitz mit Blick zum Schafsberg. Die Karte wurde im August 1928 verschickt.

Amüsant ist die Geschichte über den Storch von Alt Reddevitz, der etwa ab Herbst 1897 in das Dorf geflogen kam, bei Gastwirt Schmidt auftauchte, sich dort täglich mit Fisch füttern ließ, sein Nachtlager aber auf dem Dachfirst des Büdnerfischers Jacob Besch nahm. Der Storch wurde im Dorf bald „Hans" genannt. Als seine Versorgung im Winter schwierig wurde, richtete der Dorfschulze eine Storchkasse ein, in die jeder nach seinen Möglichkeiten einzahlen konnte - was auch geschah. Mit dem Geld aus der Kasse wurde von Gastwirt Nausch aus Mariendorf sogar ein für den Abdecker bestimmter Schimmel gekauft und zur Versorgung für „Hans" geschlachtet. Der „stahl" aber lieber den Fischern die beim Aalstechen und Eisangeln erlangten Fische. Lehrer Fritz wollte Hans, um ihn vor dem Winter zu schützen, in der Schulscheune unterbringen. Ein einziges Mal konnte er ihn dort auch einschließen, fortan miet „Hans" den Schulhof, kam jedoch später wieder, um mit den Kindern zu „spielen", indem er an den Röcken und Hosen zupfte, Mützen vom Kopf holte oder Bälle „stahl". Eines Tages baute „Hans" auf dem Schweinekoben des Tagelöhnerkatens von Familie Leopold und Emilie Hase ein Nest. Dabei wurde festgestellt, dass Hans eigentlich eine Störchin war und fortan mit einem Storchenmann in dem Nest auf dem Schweinekoben lebte. Die Zeit war jedoch nur kurz: Der Storchenmann verschwand bald wieder, hatte sich nicht um das Gelege gekümmert, das „Hans” schließlich zerhackte und auffraß. Wenig später richtete „Hans” im neben dem Koben stehenden Apfelbaum ein zweites Nest ein, in dem er fortan wohnte und nur gelegentlich das alte Nest begutachtete.

Neu Reddevitz entstand zwischen 1814 und 1817 „gegenüber“ von Alt Reddevitz, auf der anderen Seite der Having. Hier ließ Fürst Malte von Putbus 15 Mönchguter Häusler, Fischer und Schiffer aus Alt Reddevitz und Baabe ansiedeln, weil die Lage des Ortes aus Putbuser Sicht günstiger als die von Alt Reddevitz war. Herkunft und alte Heimat der Siedler veranlassten den Namen des Ortes.

Im Hausbrief des Fürsten vom 23. Dezember 1817 für einen der Neusiedler heißt es in Paragraph 11 u. a.: „Der Hausbesitzer hat Erlaubnis, sich der Fischerey allein oder in Gemeinschaft mit seinen Nachbarn zu bedienen, ohne dafür besonders etwas der Grundherrschaft zu erlegen, doch muß er oder sie auch keine andern Herrschaftl. Einwohnern, die Fischerey treiben, Hindernisse in den Weg legen oder an ihren Gerechtsamen kränken.“ Die Fischer mussten jedoch, falls die herrschaftliche Salzerei Heringe benötigte, den Fisch zu dem von der Salzerei gebotenen Preis abgeben. Wer ohne Beachtung dieses Vorkaufsrechts Fisch verkaufte oder für den Verkauf bestimmten Fisch gar selbst salzte oder räucherte, musste empfindliche „Conventionalstrafe“ zahlen. Das waren für jedes Wall (80 Stück) „illegal“ verkauften Fisches 1 Taler, für das Salzen oder Räuchern 50 Taler Strafgeld. Eine weitere Bedingung bestand darin, dass die Fischerbauern Bier, Schnaps und andere Artikel nur beim Fürsten kaufen durften.

Die Häuser sollen von Beginn an mit zu niedriger Deckenhöhe gebaut worden sein. Sie enthielten zwei Kammern und Küche. Die außerhalb der Häuser befindlichen Backöfen zerstörte die Sturmflut von 1872, von da an wurde in der Küche gebacken und im Kamin geräuchert.

Nach einigen Bränden war es üblich geworden, Rohr- und Ziegeldächer jeweils im Wechsel zu decken, um bei einem Feuer nicht alle Häuser des Dorfes zugleich zu gefährden.

Am Haus Nr. 10 beschreibt eine Tafel einige Details. Demnach baute Wilhelm Damp den Fischerkaten 1815. Nach ihm durfte Friedrich Damp ab 1867 mit Erlaubnis der Königlichen Regierung in Stralsund auf eigene Rechnung eine Salzerei vor Ort betreiben. Als das Haus wegen einer bevorstehenden Verlobung umgebaut und der Dachstuhl angehoben werden soll, bricht

der Katen zusammen. Die Genehmigung für den Neubau wurde unter der Bedingung erteilt, das alte Rohrdach aus Brandschutzgründen durch ein Ziegeldach zu ersetzen.
Auch für Haus Nr. 4, der ehemaligen Häuslerei Zaage, sind zusätzliche Daten vor allem zu den Eigentümern bekannt. Fischer Johann Jacob Zaage von der Halbinsel Zingst hatte das Haus 1815 erbaut. Sein 1816 geborener Sohn Johann Friedrich Theodor übernahm den Besitz 1858, gefolgt von Carl Andres, Schiffer aus Groß Stresow, der ab 1879 Eigentümer wurde. Es folgte eine weitere Schiffergeneration mit Karl Looks, der das Anwesen 1903 kaufte. Seine Familie transportierte mit dem Gaffelschoner „Luise" hauptsächlich Steine für den Sassnitzer Molenbau, die man zuvor vom Meeresboden gezangt hatte. Mit einem größeren Schiff, der Galeasse „Anita" mit 90 Tonnen Last, wurden erneut Steine transportiert. Diesmal waren es die so genannten „Katzenköpfe", Pflastersteine für Rügens Straßenbau aus dem südschwedischen Karlshamm. Als die altersschwache „Anita" verkauft werden musste, folgten zunächst einige Jahre der Fischerei, ehe die Familie den 3-Mast-Gaffelschoner „Maria II" erwarb, mit dem noch bis 1935 Transporte ausgeführt wurden, ehe die Seefahrt wegen mangelnder Rentabilität aufgegeben werden musste. Der einstige Fischerkaten wird 1983 abgerissen und durch einen Neubau ersetzt.

Der Gasthof von Otto Kliesow auf einer nicht verschickten Karte, die nur den handschriftlichen Vermerk „Juni 28" trägt. Man beachte den schicken Wagen.

In den älteren Reiseführern wurde der Ort nur kurz, aber durchaus lobend erwähnt. So schrieb der Reiseführer von *Grieben* 1930: „Neu Reddevitz (Gasth. Kliesow), zwischen Stresower Bucht und der Having gelegen, wird als einfacher Erholungsort von Badegästen besucht…" Otto Kliesow errichtete 1910 in Neu Reddevitz seinen Gasthof (er nannte ihn später „Strandheim"), der wegen der günstigen Lage des Ortes schon bald gut besucht war, anfangs allerdings nur an Sonn- und Feiertagen geöffnet war, weil die Dorfbewohner an den anderen Tagen keine Zeit für den Gaststättenbesuch hatten. Es gab sogar eine von der Reederei Gebrüder Wittmüß mit ihrer Mönchgutlinie betriebene Dampferverbindung mit Lauterbach, Alt Reddevitz und Gager.

Gruppenbild Berliner Schüler in Neu Reddevitz. Bei dem Gebäude im Hintergrund könnte es sich um die 1878 erbaute Schule des Ortes handeln, die 1967 geschlossen wurde und heute nach teilweisem Umbau Wohnhaus ist.

Am Ende der Straße, die zusammen mit den knapp zwei Dutzend meist rohrgedeckten Häusern das Dorf ausmacht, befindet sich der Bodden mit einer kleinen Badestelle. Man sieht von hier aus die Insel Vilm, Groß Stresow und ein seltsames, im Wasser befindliches Gebäude. Darin befand sich bis zur Wende eine 1952 errichtete Entmagnetisierungsstation (magnetelektrische Sicherungsanlage) der Volksmarine der damaligen DDR. Mit ihr wurde der in den Schiffskörpern auftretende induzierte und permanente Magnetismus bis zu einem Jahr lang beseitigt, um die

Schiffe gegen Magnetminen zu schützen. Auch die störenden Einflüsse des Magnetismus auf die Navigation sollten gemindert werden. Dazu verliefen in etwa zehn Meter Tiefe längs und quer rund um die Station Kabelschlaufen, die von dem in der Station befindlichen Stromerzeuger mit Strom wechselnder Fließrichtung und Spannung versorgt wurden. Je nach Schiffsgröße musste entsprechend variiert werden. Ein Experte auf dem jeweiligen Schiff nahm die Feinabstimmung vor. Die auf 600 Holzstämmen stehende nur 700 m² große künstliche Insel wurde nach der Wende verkauft; geplant war hier eine Künstlerkolonie, genannt „Ostervilm".

Bei der Fahrt oder Wanderung nach Neu Reddevitz lohnt sich ein Abstecher zum restaurierten Herrenhaus in dem kleinen Ort Gobbin sowie kurz nach dem Ortseingang von Neu Reddevitz die etwas holprige Fahrt über den Buswendeplatz zum Fischanlandeplatz mit idyllischem Blick auf Having, Reddevitzer Höft, Insel Vilm, den Gobbiner Haken und den Bodden.

Das ehemalige Gutshaus von Gobbin.

Baabe

Baabe „erfreut sich eines stets zunehmenden Verkehrs und wird voraussichtlich bald weiter emporblühen“ schrieb der Reiseführer von *H. Dunker* 1895.

Der Name des rund 750 Jahre alten Ortes wird auf das slawische „thor Baben“ („Zur alten Frau“) oder „Baba“ („Moor“) zurückgeführt; andere Deutungen gehen in Richtung der slawischen Göttin Baba, der Quellnymphe und Hüterin der Gewässer. Frühere Schreibformen von Baabe waren „Pabest“, „Bate“ und „Bave“. Der alte Ortskern lag am Selliner See.

Das „Hinterland" von Baabe auf einer im Juli 1912 verschickten Karte.

Die erste urkundliche Erwähnung von Baabe erfolgte 1252, möglicherweise war damit aber „nur" die Baaber Heide gemeint.

Dem Kloster Eldena gehörten 1532 ein Bauernhof und eine Kate mit insgesamt 12 Morgen Acker, 1574 wird Domanialbesitz von zwei Höfen mit je neun Morgen Acker registriert.

Von 1727 bis 1739 erhielten sechs Mönchguter Einwohner Land in der Baaber Heide von der Grundherrschaft. 1847, nach Abschaffung der Leibeigenschaft, kauften Baaber Einwohner von der Königlich-preußischen Regierung ihre Wohnstätten, zusätzlich siedelten sich mehrere Büdner an.

Für eine Bauernstelle mit etwa 41 ha Land waren 2.516 Taler zu zahlen, 14 Büdner mit je etwa 1 ha Land mussten je 187 Taler aufbringen.
Anfangs ein Dorf von Bauern und Fischern unter der Verwaltung des Gutes Philippshagen, wurde Baabe schrittweise zum Fischerdorf. Nur der Schuhmacher soll im wahrsten Sinne des Wortes bei seinem Leisten geblieben sein.

Blick auf Moritzdorf (im Vordergrund) und Baabe vom Hohenberg auf einer im August 1927 verschickten Karte.

In den frühen Reiseführern wird Baabe zunächst kaum erwähnt, allenfalls wird auf die „Baaber Bootsstelle am Strande" verwiesen, wie im 1886 herausgegebenen Reiseführer von *Edwin Müller*.
Die Lage Baabes im Bereich von Having, Baaber Bek und Selliner See bedeutete von jeher günstige Bedingungen für die Fischerei. Hier befand sich frühzeitig ein kleiner Binnenhafen; nach 1815 ließ der preußische Staat in der Nähe des späteren Bollwerkes ein Salzhaus errichten, wo Frischfisch und Salz angelandet und die Fässer mit Salzheringen abtransportiert wurden. Ursprünglich war eine Brücke zwischen Baabe und Moritzdorf über die Baaber Bek geplant, was jedoch aufgegeben wurde. Stattdessen vergab die Gemeinde im Mai 1889 die Genehmigung für den Bau eines Bollwerks und im Mai 1893 wurde dort, wo sich heute das Hotel- und Restaurantgebäude „Solthus" befindet, eine Wartehalle mit Restauration an den Kaufmann W. Niejahr übergeben. Zum Gasthaus schrieb der Reiseführer von *Kiessling*

1902 erläuternd: „Lebensmittel zu haben, Bequemlichkeiten fehlen", der Reiseführer von *Grieben* vermerkte lediglich „einfach". Um 1925/30 [nun „L. Kaaks Gasthof (Hafenwirtschaft)"] wurden zwölf Betten in drei Einzel- und fünf Zweibettzimmern und eine Garage vermietet. Fließendes Wasser gab es in den Zimmern nicht.

Das Baaber Bollwerk auf einer im Juli 1937 verschickten Karte. „Es ist genau 2 Uhr, ich habe soeben einen 1 std. Spaziergang hinter mir... Die Gegend ist einfach herrlich, Wald + Wasser. Warum ich nicht mehr mittags schlafen darf, könnt Ihr Euch wohl denken, weil ich sonst zu „dünn" werde. Ich gehe aus dem Leim, Arbeit erhält jung + schlank. Heute vormittag hats ein bissel geregnet aber jetzt ist es himmlich. Mein sonstiger Begleiter schläft, noch 3 Tg. dann bin ich zu Hause."

Am Bollwerk konnten – neben Frachtschiffen - nun auch Bäderdampfschiffe von Greifswald, Lauterbach, Stralsund oder Stettin anlegen. Die Verbindungen zwischen Insel und Festland hatten sich dadurch weiter verbessert, nicht zuletzt deshalb, weil die Schiffe bei rauer Witterung nicht über die offene See fahren mussten.

Eine Fähre führte vom Bollwerk ursprünglich nach Altensien, erst seit 1841 nach Moritzdorf. Um 1890 richtete man die „offizielle" Fährstelle ein. Noch heute ist die kleine und einzige rügensche Ruderfähre in Betrieb und setzt vor allem Touristen und deren Fahrräder über.

Lange Zeit lag im Hafen am Bollwerk der 1881 in England erbaute Gaffelschoner „Asgard", ein Museumsschiff, auf dem man sich mit kleinen Fischgerichten und Schwarzbier stärken konnte. Das marode Schiff drohte

jedoch zu sinken und wurde deshalb 2003 abtransportiert. Lange Zeit galt es als das älteste noch schwimmende Segelschiff Rügens.
Sehenswert sind einige rohrgedeckte Fischer- und Büdnerhäuser aus dem 18. und 19. Jahrhundert und ehemalige Sommerpensionen, an denen man auf dem Weg zum Hafen im alten Dorfkern vorbei kommt. Ältestes Haus ist der „Zuckerhut" in der Dorfstraße/Birkenallee, ein um 1600 oder 1700 ohne Schornstein erbautes Büdnerhaus. Es ist noch heute in der ursprünglichen Form – allerdings mit Schornstein und anderen Fenstern – erhalten.

„L. Knaaks Gasthof (Hafenwirtschaft)" am Bollwerk auf einer 1929 geschriebenen Karte. 1927 vermietete L. Knaack sechs Zimmer.

Etwa auf halben Weg von der B196 zum Bollwerk am Selliner See kann ein kleines Freilichtmuseum über die Entwicklung der Fischerei besichtigt werden. Zu den Ausstellungsexponaten gehören unter anderem Reusen und das einst in Baabe gebaute offene Motorboot „Ossi".
Auf der großen Wiesenfläche zwischen Bollwerksstraße und Baaber Bek/ Selliner See befand sich kurz nach dem 2. Weltkrieg der damals größte Mönchguter Betrieb „Holzablage Baabe", von dem Holz aus der Baaber Heide und der Granitz zum Teil bis nach Großbritannien verschifft wurde. Über diesen Bereich führt ein neuer Deich, dessen Bau Ausgrabungen im Jahre 2005 vorausgingen, bei denen – eine wissenschaftliche Sensation – das erste vollständig erhaltene mittelsteinzeitliche Paddelblatt Mecklenburg-Vorpommerns gefunden wurde.

Ab 1923 konnten an der offenen See kleine Dampfer an einer Behelfsbrücke anlegen, Fischer starteten von hier mit ihren Segelbooten zu kleinen Ausfahrten. Lange hielt die kleine Brücke den Wellen nicht stand. 1926 folgte zunächst eine Seebrücke der Reederei Wittmiß, 1934 errichtete die Seedorfer Firma Martin Koldewitz an gleicher Stelle schließlich eine 200 m lange Seebrücke für den Bäderverkehr. 1942 wurde auch diese Brücke durch Eisgang zerstört und nicht wieder aufgebaut.

Die Landungsbrücke der Reederei Wittmiß in Baabe auf einer undatierten Karte, vor 1934.

Die Fischerei blieb auf Dauer nicht der Haupterwerbszweig und in dem Maße, wie sie zurückging, entwickelten sich etwa ab 1888/89 bescheidene Anfänge eines Badebetriebes; verlässliche Gästezahlen liegen aus dieser Zeit noch nicht vor.

Bereits 1889 gab es am Strand die ersten Badezelte, die wohl auch von den Gästen genutzt wurden, die ab 1890 mit dem Dampfer aus Lauterbach kommend am Bollwerk anlegten.

Bald „boomte“ das 1898 erstmals in den Fremdenlisten genannte Baabe. Verzeichnete man 1900 noch bescheidene 414 Gäste, waren es 1911 bereits stolze 2.783. Eine 1893 gebildete „Interessengemeinschaft des Badeverkehrs” dürfte ihren Anteil an dieser Entwicklung ebenso gehabt haben wie die Aufstellung erster Strandkörbe durch Martin Pinsch (1910) und die Einführung des elektrischen Lichts (1912).

Der um 1906 erschienene Band 1 aus der Reihe *Agricolas Wanderbücher* stellte aber noch fest: „Großen Ansprüchen an Komfort und Verpflegung ist der junge Badeort selbstredend noch nicht gewachsen."

Blick auf den Strand von Baabe auf einer undatierten Karte.

1895/96 wurde das erste getrennte Damen- und Herrenbad mit Badesteg gegründet, etwa 1913 waren die festen Badeanstalten in ihrer endgültigen Form mit Damen-, Herren- und Familienbad fertiggestellt. Baabe war nun ein für die damalige Zeit modernes Freibad, in dem die Badegäste von den 160 Kabinen direkt ins Wasser gehen konnten. Für ein Bad zahlte man 30 Pfennige „mit Wäsche", im Abonnement 25 Pfennige, warme Seebäder konnten im Hospiz („am Ostende von Sellin unweit Göhren, 5 Minuten vom Bahnhofe Baabe") genommen werden. Fortschrittlich zeigte sich Baabe 1922 als erstes Bad auf Rügen, in dem „gemischt" vom Strandkorb oder Zelt aus gebadet werden durfte. Der *Führer durch die Badeorte des Verbandes Deutscher Ostseebäder* formuliert dazu, Baabe sei das erste Freibad Rügens „ohne die Auswüchse eines solchen".

Hatte der Reiseführer von *Grieben* Baabe 1874 lediglich als „kleines Dörfchen" erwähnt, nennt er 1900 bereits zwei Hotels: Zum einen Albert Wittmüss´„Hotel- und Logir-Haus", das sogar im Berliner Adressbuch von 1894 mit einer Anzeige verzeichnet ist. Dabei handelte es sich um das ehemalige Gasthaus mit Restauration „Zum grünen Zweig" von Moritz Kliesow, woraus später das „Hotel am Bahnhof vorm. Frickes Hotel" wurde.

Zum anderen wird das Hotel „Fortuna", „näher der Landungsstelle" genannt, aus dem später das „Kurhaus Baabe mit Depend. Waldfrieden" wird. Beide boten Pension für vier Mark.

Blick auf den Strand und die Badeanstalten von Baabe auf einer im Juli 1919 verschickten Karte. Die Absenderin hat ihre Empfindungen an der Ostsee in mehr oder minder gelungene Reime gefasst:

„Mit den Wellen sich zu wiegen,
oder an dem Strand zu liegen,
von dem frischen Wind gekühlt,
der mit Sand und Wasser spielt,
das ists, was dem Städter fehlt,
der sich täglich sorgt und quält.
Darum bist Du eingeladen
mit mir in der See zu baden."

Bald führte der Gästeandrang zum „Mangel an zeitgemäßen Wohnungen", berichtete das *Rügensche Kreis- und Anzeigeblatt* im Februar 1907. Davon inspiriert bauten in jenem Jahr die Fischer Brandt und Wittmüß, der Sattlermeister Krüger, der Bauunternehmer Wilde und der Rentier Fröhlich Villen mit zehn bis 14 Gästewohnungen.
Der Reiseführer von *Meyer* verwies 1921 neben Hotel „Fortuna" und „Frickes Hotel" u. a. auf das „Hotel Seeblick" von W. Krüger.

„Frickes Hotel" Der frühere Besitzer der Karte hat auf der Rückseite die Kosten für seinen Urlaub ab 16. Juli 1930 aufgelistet.

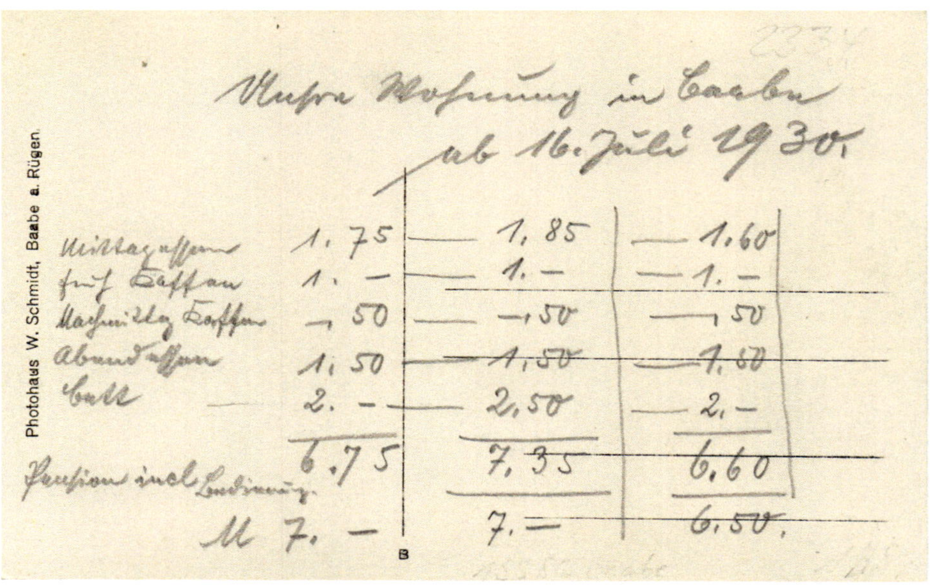

Das Hotel „Fortuna", später Kurhaus, auf einer undatierten Karte (oben). Unten: Das Kurhaus auf einer im August 1927 verschickten Karte mit Grüßen aus Baabe. In einem undatierten Prospekt der Kurdirektion (um 1925/30) wird als Besitzer W. Schimanski genannt, der 40 Betten in drei Einzel- und 17 Zweibettzimmern und eine Garage anbietet. Die Position "fließendes Wasser" ist im Prospekt nicht markiert. 1927 werden 22 Zimmer vermietet. Als „Hotel-Pension Kurhaus" erscheint das Haus im *Grieben* von 1938 mit 40 Betten von 1,75 bis drei Mark, Pension von 4,50 bis sechs Mark, Zentralheizung, Autohalle und dem Hinweis auf ganzjährige Öffnung.

Das Hotel „Seeblick" auf einer im Juli 1907 verschickten Karte. Im *Schuster* von 1907-1908 firmiert das Haus als „Restaurant Seeblick" mit 16 elegant eingerichteten Zimmern. Der *Grieben* von 1912 - 1913 verweist auf die „Logiervilla" mit Besitzer Wilhelm Krüger, die Zimmerpreise liegen bei 1,50 bis zwei Mark, Pension gibt es für 4,50 bis sechs Mark. Krüger selbst verweist im *Volckmann* von 1911/12 auf eine Kolonial- und Delikatesswaren-Handlung im Hause. In einem undatierten Prospekt der Kurdirektion (um 1925/30) wird als Besitzer wiederum W. Krüger genannt, der 26 Betten in zwei Einzel- und zwölf Zweibettzimmern und eine Garage anbietet. Die Position „fließendes Wasser" ist im Prospekt nicht markiert. Im *Grieben* von 1928 heißt es lediglich „einfach, gelobt". Der *Grieben* von 1938 verweist auf 25 Betten zu zwei bis drei Mark, Pension für 4,50 bis sechs Mark, eine Autohalle, die ganzjährige Öffnung und darauf, dass das Haus durch Zuschriften an den Verlag gelobt werde. In einem für 1950 herausgegebenen Prospekt werden für 1941 25 Betten genannt, Besitzerin ist Charlotte Thormann, die für ihr „ruhiges Haus mit eigener Note" u. a. mit eigener Gärtnerei und individueller Bedienung wirbt.

In einem Prospekt der Kurdirektion von 1927 wurde auf sechs Hotels und Gasthöfe, sechs Pensionen, 16 Villen und „eine Anzahl von Privatvermietern" hingewiesen. Unterkunft in Fischerhäusern sei leider nur begrenzt möglich, zwei größere Konzertlokale mit Künstlerkapellen, Theater, Kabarett und anderen Vorführungen böten Unterhaltung. Insgesamt standen 294 Zimmer zur Verfügung, sechs Häuser verfügten über Küchenwohnungen. Die Zimmerpreise lagen in der Hauptsaison zwischen zwei und 3,50 Mark je Bett und Nacht, Vollpension (Verpflegung und Zimmer) kostete zwischen

6,50 und 8,50 Mark, die Kurtaxe betrug für den gesamten Aufenthalt für eine Person 10 Mark, für vier Personen einer Familie 30 Mark, Kinder waren frei.
Die Badegäste konnten sich zu dieser Zeit in der Erfrischungshalle und dem Lesezimmer der Badeanstalt vergnügen, man tanzte auf einer simplen Holzplattform am Strand zu den Klängen einer Kapelle, die sich mit einem primitiven Holzpavillon begnügen musste.
Eine regelrechte Attraktion war der 1843 in Baabe geborene Martin Looks, der in wetterfester Fischermontur in den 1920er Jahren als Seeräuber und Seehundfänger den Badegästen am Strand seine „wahren" Geschichten und Erlebnisse erzählte. Looks hatte zu der unter Pommern seltenen Spezies gehört, die einen „besoffen quatschen" konnte. Schlitzohr Looks soll einen Seehund ausgestopft und auf dem Stubber, einer nur bei Niedrigwasser als Sandbank erkennbaren Insel, ausgelegt haben. Mit Badegästen fuhr er dann hinaus und ließ auf den „Saalhund" schießen – alles natürlich gegen gute Bezahlung. Looks soll angeblich von blauen Zuckerhut-Tüten die Spitzen abgeschnitten und in einem unbeobachteten Moment ins Wasser geworfen haben. Seine mit ihm segelnden Badegäste habe er in gehöriger Entfernung auf die vermeintlichen schwimmenden Seehunde aufmerksam gemacht. Es habe ein wildes Feuergefecht begonnen, die vollgesogenen Tüten seien gesunken, das Honorar habe er sich dennoch auszahlen lassen. Seine Biografie *Der Seeräuber von Mönchgut. Sein Leben und seine Taten ihm nacherzählt von Fritz Worm* erschien 1907. Zunächst hatte Looks drei Jahre selbst daran geschrieben, dann übernahm Fritz Worm die Arbeit des „Entzifferns und Verdeutschens". Looks verkaufte seine Biografie stolz in 2.500 Exemplaren an die Badegäste.

1933 wurden 4.200 Besucher, acht Hotels und neun Pensionen mit Pensionspreisen von jeweils ab 4,50 RM ausgewiesen. Neben vielen anderen Annehmlichkeiten sorgte ein drehbarer Musikpavillon im 1933/34 geschaffenen Kurpark für Aufsehen und Unterhaltung. Die drehbare Konzertbühne brannte 1968 ab, wurde ein Jahr später erneuert, war nun allerdings nicht mehr drehbar. Der aus Greifswald stammende Kaufmann Ernst Lübcke, ab 1933 erster Bürgermeister der Gemeinde, hatte sich für die Umgestaltung des Dünengeländes zum Kurpark mit dem schon genannten drehbaren Musikpavillon eingesetzt und soll auch den Bau der Seebrücke stark befördert haben.

Die älteren Reiseführer hoben ein Gebäude besonders hervor, das 1904 erbaute „Töchter-Hospiz am Strande". Im September 1904 schrieb das *Rügensche Kreis- und Anzeigeblatt*, das Hospiz bilde in seiner Haushaltsschule junge Mädchen „in der feinen und bürgerlichen Küche, im Waschen, Plätten, Buchführung etc. aus. Der Kursus für Schlachten, Backen, Einmachen, spez. Fleischkonserven, bürgerliche Küche etc. … dauert 2 Monate. Auch gebildete junge Damen können teilnehmen." An der Strandgrenze zu Sellin unmittelbar am Mönchgraben gelegen, hatte das Hospiz eine wechselvolle Geschichte, die auch zu Namensänderungen führte. So wurde es als „Strandschloß Sellin-Ostende", auch als „Kurhaus zu Baabe (Hospiz)" bezeichnet.

Der ehemalige Kartenbesitzer hat die Veränderungen des Hospizes bis zum „Strandschloss" „dokumentiert".

1907 war es in den Besitz des Stralsunder Fabrikanten August Schütz gelangt, der ganzjährig „50 Zimmer mit geschlossenen Loggien oder Balkons, Freilicht-Maleratelier, photographische Dunkelkammer, Telephon, Wasserleitung und Kanalisation, Gasbeleuchtung" anpries. Die Zimmer waren nur mit Pension abzugeben, Kinder speisten „am besonderen Tisch", statt Trinkgeld gab es auf jede Rechnung je nach Aufenthaltsdauer 5 bis 10 Prozent Aufschlag, der Hausdiener freilich war gesondert zu bedenken. Für ein Bad in der eigenen Seebadeanstalt zahlte man 30 Pfennige (später kostenlos), für ein warmes Seebad im Hause 1 Mark. Später „Strandschloß Devo" genannt, war es zunächst im Besitz der „Deutschen Volkserholungsheime e. G. m. b. H.", etwa ab 1935 wird das Strandschloß zusammen mit der daneben gelegenen Villa „Thea" als Beamtenwohnheim „Allianz" geführt (für „Allianz und Stuttgarter Verein, Versicherungs-Aktiengesellschaft"). Eine Vermietung fand nicht mehr statt.

Villa „Thea", ein Nebenhaus des Hospizes auf einer im Juli 1912 verschickten Karte. „Wir baden jeden Tag, und ich kann schon etwas schwimmen! Wir haben schon Freundinnen und Spiel=Kammeraden. Wir spielen sehr oft Räuber und Prinzessin... Uns geht es sehr gut. Das Essen ist sehr gut."

Die kleine Kirche am Anfang der Promenade zum Strand wurde 1929/30 nach Entwürfen des Berliner Architekten Erhard Schmidt, einem Baaber Kurgast, erbaut und durch den Baaber Bauunternehmer Albert Ewert ausgeführt. Zuvor (bis 1914) fanden die Gottesdienste im Freien statt. Im Wald war ein geeigneter Platz mit Bänken und Rednerpult versehen, eine kleine Glocke und sogar ein Harmonium wurden angeschafft. An diese Zeit soll die an der Südostecke der Kirche befindliche Außenkanzel erinnern.

Ein weiteres Gebäude mit interessanter Vergangenheit ist das noch heute existierende „Inselparadies". Seine Geschichte begann zunächst mit einem hölzernen Aussichtsturm, der vermutlich durch Sabotage wieder verschwand. Die Fischer hatten hier ihren Netzboden und sollten eigentlich an den heutigen Fischerstrand umziehen. In den 1930er Jahren wurde an dieser Stelle eine Badeanstalt errichtet, die aber nach dem Krieg und wegen des inzwischen freizügigeren Strandlebens abgerissen wurde. Jetzt war der Platz frei für die „Strandlaterne“ mit Gastronomie, Bibliothek und Lesesaal. Leider war das Gebäude auf Pfählen errichtet, rutschte weg und musste in den 1960er Jahren abgerissen werden. 1966 wurde nach Plänen von Ulrich Müther das „Inselparadies“ gebaut, das in der unteren Etage ein Restaurant und einen Saal für tägliche Tanzveranstaltungen aufwies, im oberen Bereich ein beliebtes Cafe. Die Schlangen zu den Tanzveranstaltungen waren bald bis zu 30 Metern lang, das Personal – es kam aus der ganzen DDR – verdiente sich teilweise eine „goldene Nase“ mit Trinkgeld und für die Vermittlung der begehrten Tische. 1993 wurde das bis dahin heruntergewirtschaftete Objekt geschlossen. Nach Rekonstruktion ist seine Nutzung bisher unsicher.

In einem für 1950 vom Rat der Gemeinde herausgegebenen Prospekt wurden knapp 90 Pensionen und Hotels mit Telefonnummern (offenbar hatten nur 12 Häuser ein Telefon), Besitzern bzw. Verwaltern und der Bettenzahl von 1941 (insgesamt 1.179) aufgeführt. Interessant ist, dass im Prospekt 35 Häuser fein säuberlich mit Tinte gestrichen sind und bei einigen Häusern andere Besitzer eingetragen wurden. Von wem und wann die Streichungen bzw. Änderungen vorgenommen wurden, ist nicht ersichtlich. Möglicherweise standen die Streichungen im Zusammenhang mit der „Aktion Rose”.
Eine der bekanntesten Persönlichkeiten Baabes war Albert Thormann, Eigentümer der nicht mehr existierenden Pension „Erika“ in der Waldstraße, 1919 bis 1926 Gemeindevorsteher des Badeortes. Seinem Engagement soll zu verdanken sein, dass die Strandstraße von 1920 bis 1927 ihren noch heute bestehenden Alleencharakter erhielt. Ende der 1920er und Anfang der 1930er Jahre war Thormann Geschäftsführer des Bäderverbandes Rügen, außerdem betrieb er ein kleines Reisebüro. Auf Thormann ist auch das Bäderwappen von Baabe zurückzuführen, ein Wikkingerschiff unter vollen Segeln. Nach dem Zweiten Weltkrieg wurde Thormann 1948 wegen angeblicher antisowjetischer Propaganda verhaftet und zu 25 Jahren Zwangsarbeit verurteilt. Zwar wurde das Speziallager Bautzen nach Gründung der DDR aufgelöst, Thormann blieb jedoch dort in Haft und verstarb 1952.

Gager

Als Weiler südwestlich des heutigen Hafens gegründet und 1360 als „Yawer“ oder „Jager“ (wahrscheinlich aus dem Slawischen Javor = „Ahorn“ oder „Krähenort“, „Rabenkrähe“) von Familie von Bonow an das Kloster Eldena verkauft, umfasste die Siedlung 1532 fünf Bauernhöfe und zwei wüst gewordene Katen und wuchs schrittweise auf zehn Anwesen. Nach dem Dreißigjährigen Krieg wurden nur noch drei Gehöfte und sieben wüste Hofstellen gezählt, die bäuerliche Struktur konnte sich nur langsam wieder erholen.

Wie in anderen Orten der Insel wird in Gager zwischen 1806 und 1810 zwar die Leibeigenschaft aufgehoben, der Boden blieb jedoch weiterhin in der Hand der Grundbesitzer. Erst 1847 konnten sich die einst Leibeigenen auch Besitzer des von ihnen bewirtschafteten Bodens nennen: Neun Büdnerstellen zu je 17 Hektar für 928 Taler und eine Büdnerstelle für den Schmied zu einem Hektar für 153 Taler wurden eingerichtet.

Der Ort muss schlechtes Ackerland besessen haben, denn die Mönchguter bezeichneten das zum Gut Philippshagen gehörende Gager als „Grauland“. 1867 wurden 34 Häuser und 184 Einwohner gezählt.

Blick auf Gager, im rechten Bilddrittel ist eine der Mühlen zu erkennen. Leider ist der Poststempel nicht zu lesen. „Sende dir eine Ansicht von Gager. Es ist heut sehr stürmisch, da sehen wir uns das Wasser vom Fenster aus an. Kommen am 19. mit dem Zug aus Greifswald um 16^{35} Stettiner Bahnhof an.“

Blick in Richtung Zicker Berge auf einer undatierten Karte.

Zwei Holländermühlen, um 1910 aus Greifswald bzw. um 1920 aus Alt Reddevitz umgesetzt, sind nur noch auf historischen Ansichten zu sehen. Im Reiseführer von *Grieben* wird Gager 1922 als „Fischerdörfchen“, „reizend an der Hagenschen Wiek“ mit der Gastwirtschaft von W. Hoffmann erwähnt. Der Gasthof wies lediglich vier Betten auf, die zu Preisen ab 1,50 Mark vermietet wurden, und erhielt bald Konkurrenz durch die Pension „Haus Ewert” und das Logierhaus Kliesow III („am Wasser, 20 B.“).

Gager auf einer undatierten Karte. Rechts ist „W. Hoffmans Gasthaus und Kolonialwarenhandlung“ zu sehen.

Die Gaststätte von W. Hoffmann musste nach fast 100 Jahren und drei Generationen im Oktober 1961 schließen und wurde zu einem Konsum-Selbstbedienungsladen umgebaut. Bereits 1913/14 hatte „Gagers älteste Wäscherei am Orte. Neben Hotel Seestern u. d. Post. Gegr. 1887. Schnellste und sauberste Ausführung sämtlicher Wäsche. Spez.: Kleider, Blusen, Wasch-Herrenanzüge u. Westen“ im Anzeigenteil des Reiseführers von *Volckmann* inseriert.

In den 1920er Jahren bestand mit der von den Brüdern Wittmiß gegründeten, anfangs recht bescheidenen Fahrgastreederei „Mönchguter Motorschiffslinie“ eine Dampferverbindung mit Lauterbach. Der Ort würde gern als ruhige Sommerfrische aufgesucht, schrieben die Reiseführer. Nördlich von Gager könne man durch sumpfige Wiesen nach Philippshagen und Middelhagen wandern, was bei feuchtem Wetter allerdings nicht zu empfehlen sei.

In den Jagerschen Wischen soll sich eines Tages der Teufel in ein Wasserloch verirrt haben. Nur ein zufällig vorbeikommender Bauer konnte ihn daraus befreien. Zum Dank wollte ihn der Teufel reich belohnen. Dazu sollte der Bauer das ihm Treueste mitbringen. Tags darauf erschien der Bauer mit seiner Frau und sah bereits den Teufel mit einem Sack Geld. Der Teufel aber lachte den Bauern aus: „Bauer, du bist dumm! Hättest deinen Hund mitbringen sollen; der ist dir treuer als deine Frau!“ Kaum gesprochen, war der Teufel mit dem Geld verschwunden. Der Bauer und seine Frau sollen sich auf dem Heimweg noch heftig gestritten haben.

Der Reiseführer von *Meyer* bezeichnete Gager 1931 als „hübsch gelegene kleine Sommerfrische” und gibt ihm das Prädikat „aufblühender, ruhiger Badeort“.

Der kleine, Mitte der 1930er Jahre ausgebauten Hafen beherbergte 1941 bis 1945 die Schulboote und Segelschulschiffe der „Seefahrtschule Lobbe“ von Göhrings Luftwaffe. Ursprünglich war 1938 bei Gager mit dem Bau eines Flugplatzes begonnen worden, mit Kriegsbeginn wurden die Arbeiten jedoch immer mehr zurückgefahren. Während des Krieges fand hier militärische Ausbildung statt, zunehmend wurden jedoch auch Flüchtlinge untergebracht. Die hier stationierten vier Flugbetriebsboote dienten schließlich zur Evakuierung u. a. von Kolberg bei Kriegsende. 1957 wurde der Hafen zunächst für die Seestreitkräfte (Volksmarine) der DDR ausgebaut. Von etwa 1880 bis 1906 hatten hier auch einige „Steinfischer“ ihren Heimathafen, die Findlinge für die verschiedensten Bauprojekte aus

Gager Fischer auf einer undatierten Karte.

den ufernahe Gewässern „zangten".
An den Hafen angrenzend befand sich die 1946 durch Fritz und Moritz Koldewitz gegründete und 1950 verstaatlichten Kutterreparaturwerft, die nach verschiedenen Überlebensversuchen 1997 pleite ging und später abgerissenen wurde. Beide, Hafen und Werft, bildeten einst zu DDR-Zeiten ein wichtiges Wirtschaftszentrum von Mönchgut.
Heute ist Gager vor allem als Ausgangs- oder Endpunkt des reizvollen Rundwanderweges zwischen Gager und Groß Zicker über die Gagerschen Höhen, die Zickerschen Berge und den Bakenberg erwähnenswert. Der kleine Hafen dient vor allem den Fischern und Freizeitkapitänen und ist Ausgangspunkt für eine kleine Fahrgastschifferei.

Noch bis 1695 reichte vom jetzigen Hafen bis zur heutigen Hauptstraße zwischen Lobbe und Thiessow ein bis zu 200 Meter breiter Meeresarm, im Mittelalter „rivulus" (Flüsschen) genannt, die heutige Niederung Zickerniß. Bei allzu heftigen Sturmfluten konnte hier das von der Ostsee eindringende Wasser in die Hagensche Wiek (die größte Bucht des Mönchgutes) abfließen. Zuletzt 1904 war dies der Fall, als die Dünen des Großen Strandes zwischen Lobbe und Thiessow praktisch fortgespült wurden.

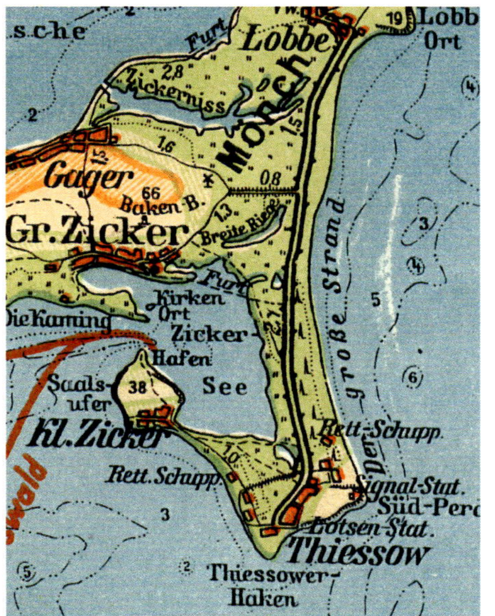

Die Zickerniß auf einem Ausschnitt aus der „Kroßschen Karte von Rügen" aus dem Jahre 1939.

Göhren

Der slawische Begriff „gora“ (Berg) bzw. „gorna“ (bergiges Dorf) hat Göhren seinen Namen gegeben. Tatsächlich liegt der 1165 erstmals urkundlich erwähnte Ort hoch über dem Meer auf dem Göhrenschen Höft mit dessen östlicher Spitze, dem sogenannten Nordperd (im „Gegensatz“ zum Südperd bei Thiessow) – zugleich östlichster Punkt der ganzen Insel.

Das Göhrener Höft auf der 1898 verschickten Mehrbild-Lithografie. Die Karte wurde im Juni 1906 verschickt. „Es ist herrlich an der See u. gefällt uns sehr gut in (unleserlich). Den ganzen Morgen laufen wir barfuß am Strandbad u. spielen. Wir wohnen `Villa Looks`; von dem Inhaber mündlichen Gruß; u. erstreckt sich eine große Wiese, auf der wir abends spielen. In Berlin war es wundervoll, viel Schönes haben wir gesehen. Wir fahren im Segelboot zurück.”

Die Bezeichnung Perd soll von den Schiffern stammen, die von See her das Vorgebirge mit den Buchenwipfeln als die Gestalt eines Pferdes oder wenigstens als Pferdekopf deuteten. Schon zu Zeiten des Besuches von Johann Jakob Grümbke (1803) waren jedoch einige der Bäume umgestürzt oder abgeholzt, sodass man sagte, das Pferd habe seinen Schwanz verloren. Unter der Herrschaft des Klosters Eldena, Göhren wurde 1252 verkauft, zählte der Ort lediglich vier Bauern und die gleiche Zahl Kossäten. 1532 sollen es sieben bäuerliche Gehöfte und eine wüste Kate gewesen sein.

Göhren am Nordperd auf einer beschriebenen, aber nicht verschickten Karte (oben). Zu sehen ist die „Villa Otto" in der Thiessower Straße, vermerkt sind „unser Balkon" und „unsere Laube", sowie die Wege zum Nordstrand (7 Minuten) und zum Südstrand (3 Minuten). Auf der undatierten Karte unten sind die Arbeiten zur Uferbefestigung am Göhrener Höft zu erkennen. Der dem Uferschutz dienende 385 Meter lange Steinwall am Nordperd wurde 1907/08 erbaut und erstmals 1926/27 verstärkt. Ein zuvor errichteter Wall war 1904 durch eine Sturmflut weitgehend zerstört worden.

Hübsche Mehrbild-Lithografie, abgeschickt im August 1895. „Hier ist es sehr schön, wir sind den ganzen Tag am Strande."

Die zentrale Dorfstraße verlief in einem Geländeeinschnitt, der heutigen Strandstraße. Das Heimatmuseum mit dem Museumshof und das Rookhuus kennzeichnen noch heute Teile des alten Dorfes.

Nicht vollständig geklärt ist, ob Fischer an Stelle der 1663 durch eine Sturmflut zerstörten Vitte Wangernitz, einem vermutlich 1295 erstmals erwähnten Fischanlandeplatz zwischen Lobbe und Nordperd, südöstlich von Göhren, später einen zweiten Ortskern bildeten, zu dem auch das heute gern besuchte Rookhus gehört.

Da der Boden für die Landwirtschaft geringwertig war, betrieben die Göhrener als Ergänzung Fischerei. Die schwedischen Landvermesser konstatierten 1694/95: „Wie alle diese Orte überaus gut für die Fischerei gelegen; wenn das nicht so wäre, glaubte man, hier den Broterwerb recht knapp zu finden."

Erst 1847 konnten sich die leibeigenen Fischerbauern von ihrer Grundherrschaft loskaufen. In jenem Jahr gab es in Göhren sieben Bauernstellen (je 15 bis 17 Hektar Land für etwa 1.000 Taler), weitere sieben kleine Büdnerstellen (bis zu sieben Hektar für etwa 150 Taler) und acht Häuslerfamilien ohne Land.

Ende des 19. Jahrhunderts berieten die rund 30 Fischer des Ortes an einem Sonntag an der Drift (Thiessower Straße) über den Bauplan für die Neugestaltung Göhrens. Der Thüringer Maler Wilhelm Carl August Zimmer, der sich zu Studienzwecken in Göhren aufhielt, hat die Szene in einem Ölbild festgehalten.

„Der neue Bauplan - eine Fischerberatung auf Mönchgut" wurde sogar 1891 in der Leipziger Illustrirten Zeitung veröffentlicht.

Einen großen Aufschwung nahm Göhren dank des Engagements des 1830 in Göhren geborenen Hotelbesitzers Friedrich Wilhelm Heinrich Brandenburg. Er sorgte dafür, dass sich Göhren ab 1878 offiziell als Ostseebad bezeichnen durfte. Einer seiner den Besucherstrom stimulierenden Schachzüge war die Verlegung der Badezellen, die anfangs einer privaten Gesellschaft gehörten, vom Süd- an den Nordstrand. Brandenburg und 18 andere Vermieter, überwiegend Büdner, pachteten hier ab August 1879 vom Fiskus für die Monate Juni bis Oktober 0,5 ha Strand für anfangs jährlich 15, später 30 Mark.

Phantasie und Risikobereitschaft muss Brandeburg schon besessen haben, bestand Göhren 1878 doch nur aus 25 Häusern mit 125 Einwohnern, sieben Büdnerfamilien und Bauernstellen.

Der Südstrand von Göhren auf einer im Juli 1903 abgeschickten Karte mit einem freundlichen Gruß an den Herrn „Doctor“, adressiert an den Herrn „Oberstarzt Dr. K.“.

Der so genannte Fischerstrand auf einer undatierten Karte

Blick zum Südstrand auf einer im August 1903 nach Dresden verschickten Karte.
„Fahre 3[15] N. mittels Schiff von hier nach Saßnitz."

Auf dieser im Juni 1920 verschickten Karte ist die Promenade zum Nordstrand zu sehen, an deren Rand u. a. auf „Schultz´s Hotel" hingewiesen wird. „Euer Papa" sendet herzliche Grüße von „meinem heutigen Sonntagsausfluge". Laut Vermerk war der Papa im „Gasthaus zur Linde" abgestiegen.

Die undatierte Karte zeigt den „Strandweg" von Göhren vorbei an den Badeanstalten. Der Weg besteht offenbar nur aus verdichtetem Boden und/oder Sand.

Bereits zehn Jahre später schrieb der Reiseführer von *Müller*, Göhren habe sich innerhalb weniger Jahre aus einem unbedeutenden Fischerdorf in einen sehr beliebten Badeort verwandelt „und wenn es nicht in der Hauptsaison an Platz gefehlt hätte, würde der Besuch noch größer gewesen sein".
Erster Gasthof war „Wendts Hotel", 1888 vom Reiseführer von *Dunker* mit den Worten charakterisiert, „im Dorf selbst, mit weniger eleganten Räumen". Friedrich Wendt selbst annoncierte als „aeltestes renommirtes Haus mit schönem Garten und Veranda und herrlicher Aussicht auf die See" und empfahl sich mit „gute kräftige Verpflegung bei billigsten Preisen" allen geehrten Herrschaften „ganz ergebenst". Zeitgenossen berichteten von schattigen Linden und einem Papageienkäfig in den Gasträumen. Der frühere Händler und Postfahrer Wendt hatte den Gasthof um 1870 nicht für die wenigen Sommergäste, sondern vorrangig für auswärtige Fischer eröffnet, da diese sich oft beklagten, keine Unterkunft in Göhren zu finden. Die einheimischen Fischer wollten die Fremden nicht aufnehmen, da sie im Verdacht standen, hin und wieder Kartoffeln zu stehlen. Die gleichen Erlebnisse hatte die Gräfin Schimmelmann, die im August 1886 eigentlich in die Sommerfrische nach Thiessow wollte, aber, da ihre Koffer irrtümlich fehlgeleitet wurden, nach Göhren gelangte und möglicherweise bei Wendt

Quartier nahm. Sie sah, wie ein Trupp Fischer „nach rührenden Versuchen, sich durch Bürsten der Jacken und Stiefel ein sonntägliches Aussehen zu geben, von Hotel zu Hotel, von Haus zu Haus zog, bescheiden um Lebensmittel bittend, für die sie auch gern bezahlen wollten. Aber überall wurden sie abgewiesen und kamen hungernd zurück". Dabei waren die überwiegend von Usedom, Wollin und Hinterpommern stammenden Lachs- und Heringsfischer früher, wenn sie an Land kamen, relativ freundlich behandelt worden, sie durften in den Ställen der Einwohner schlafen und wurden von ihnen zu fairen Preisen mit Kartoffeln und anderen Lebensmitteln versorgt. Erst mit der Entwicklung Göhrens zum Badeort weigerten sich die Einwohner etwas mit den rauhen Fremden zu tun zu haben; nur in den Kneipen waren sie noch willkommen, hier ließen sie ihr Geld. 1887 erwarb die Schimmelmann in Göhren ein etwa 1 Hektar großes Grundstück und erbaute darauf das „Seemannsheim" mit einfachen Nachtlagern für bis zu 50 Personen, einer Küche und einem Aufenthaltsraum. Ein kleines Haus diente der Schimmelmann als Unterkunft in den Sommermonaten, in denen sie sich um den christlichen Glauben der Fischer sorgte. Bald wurde sie selbst von den häufig doppelt so alten Fischern „unsere Mutter" genannt. Für die Bewohner von Göhren ergaben sich durch das Heim positive Veränderungen, weil der Alkoholkonsum der Fischer zurückging und damit auch entsprechende Delikte und Streitereien nachließen. Die Hoteliers standen dem Projekt jedoch feindselig gegenüber, weil sie teilweise existenzbedrohende Einbußen hinnehmen mussten.

Ähnliche Heime errichtete die Schimmelmann in Crampas bei Sassnitz (dieses Gebäude existiert noch heute) und auf der Greifswalder Oie. Ihr umfangreiches Engagement führte bald zu finanziellen Problemen. Als sie begann, ererbten Familienschmuck zu veräußern und ihr Testament änderte, griff die Familie ein. Man lockte die Gräfin nach Kopenhagen, wo sie als angeblich schon seit neun Jahren geisteskrank 1894 in die geschlossene Psychiatrische Abteilung des Kommunehospitals gesteckt wurde. Den Klinikchef, Dänemarks damals bekanntester Psychiater, Knud Pontoppidan, hatte man zuvor bestochen. Als Freunde sie dort fanden, hatte ganz Dänemark seinen Skandal; der Klinikchef wurde entlassen. Inzwischen hatte sich die Familie jedoch das Vermögen der Gräfin angeeignet und sie unter Vormundschaft gestellt.

Zurück zu Göhren und Friedrich Wendt. Über ihn erzählte Lehrer und Heimatforscher Fritz Worm, „daß ihm das Lesen etwas ganz Unbegreifliches war, und daß seine Gäste ihm oft die Zeitung verkehrt in die Hand gaben, und trotzdem berichtete er ihnen dann zu ihrem größten Gaudium allerlei Läuschens und Weltbegebenheiten, von denen er früher schon gehört hatte und schüttelte dabei ganz ernsthaft das graue Haupt und wunderte sich: ‚Ne, ne, wo is´t mäglich, wat hüttaudags nich all geschüht! Wo is´t blots einmal mäglich!'"

Der bereits erwähnte Wilhelm Brandenburg erbaute 1879 unmittelbar am Abgang zum Strand sein nach ihm benanntes Hotel, „comfortabel eingerichtet mit über 50 guten Betten". Eine Tafel erinnert noch heute daran. Der erfolgreiche Hotelbetrieb erlaubte bald zahlreiche Erweiterungen. So kamen ein Wohnhaus (später Wohn- und Geschäftshaus mit Weinhandlung), ein separates Logierhaus, in dem auch der Restaurantbetrieb mit Buffet und Küche und ein Saal mit offener Veranda untergebracht waren, hinzu. In einer Annonce wurde 1886 auf 30 Logierzimmer verwiesen, die Pensionspreise betrugen 4,50 bis 6 Mark je nach Größe der Zimmer, Logis erhielt man für 1,50 bis 2 Mark „mit Licht und Bedienung".

Das „Hôtel Brandenburg" auf einer undatierten Karte. „Hier ist es herrlich, leider habe ich jetzt schon zwei Tage Zahnschmerzen."

Auf der mit Juni/Juli 1912 datierten Karte sind die Veränderungen am „Hotel Brandenburg“ deutlich erkennbar.

1889 wurden ein Pferdestall mit Wagenremise und ein massives Waschhaus erbaut. Das Haupthaus und das gesonderte Logierhaus wurden bald miteinander verbunden und zusätzlich erweitert. Jetzt hatten die Gäste auch ein Lese- und ein Billardzimmer zur Verfügung; bald wurden an der Vorderfront durchgehende eiserne Balkone angebracht. Die anfangs primitiven aber zeitgemäßen sanitären Einrichtungen (einfache, außen angebaute Gemeinschaftstoiletten) wurden modernisiert, als Göhren 1899/1900 seine zentrale Wasser- und Abwasserversorgung erhielt. Zu seinen besten Zeiten stiegen im „Hotel Brandenburg” bis zu 16,2 Prozent (1889) aller Göhrener Gäste ab, unter ihnen vor allem Berliner und Gäste aus Vorpommern, aber auch einige Ausländer, darunter Russen, Italiener, Briten und sogar US-Amerikaner. Neben Kaufleuten, Beamten und anderen Berufsgruppen reisten auch Adlige, so die Fürstenfamilie von Schönburg-Waldenburg aus Lichtenstein, Hofmarschall Dr. Max Graf von Zeppelin aus Stuttgart, Herzog Friedrich zu Mecklenburg und Graf Kurt von Rantzau - beide aus Neustrelitz – an.

Es folgten Besitzerwechsel, durch Umbauten und Erweiterungen wurde das Haus mit seinen Dependancen um 1931 mit 70 Zimmern und insgesamt

125 Betten zum größten Hotel Göhrens. Nach einem Prospekt der Kurverwaltung von 1950 befand sich im „Hotel Brandenburg" zu jener Zeit ein Altersheim. Der Hauptteil des Gebäudes existiert noch heute, die früheren Metallbalkone, die Terrasse und den angeschlossenen Saal gibt es dagegen nicht mehr.

Etwa zur gleichen Zeit, als das „Hotel Brandenburg" entstand, nannten zeitgenössische Reiseführer zusätzlich unter anderem „Borgmeyers Hotel“, aus dem später das „Rügener Hotel“ wurde, „Looks Hotel“ und das „Hotel Nordperd“ (heute „Hotel Hanseatic")."

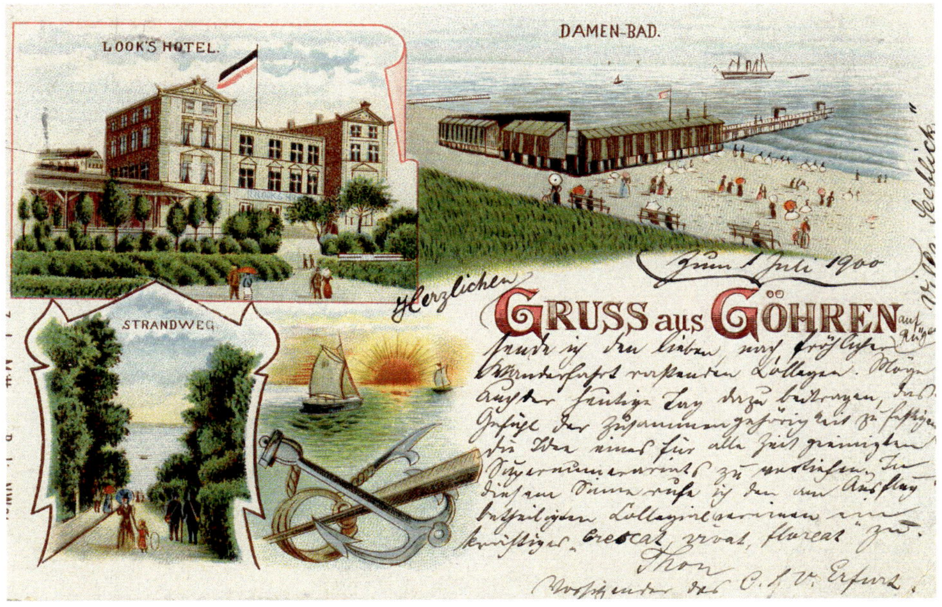

„Borgmeyer´s Hôtel" auf einer im Juli 1899 verschickten Mehrbildkarte. „Wir sind sehr glücklich hier angekommen u. hatten bis Saßnitz ein Lougen (vielleicht ist Lounge gemeint - d. A.) allein für uns. Die Schiffahrt bis Göhren war sehr erfrischend. Eben wollen wir zum ersten Mal in d. See springen..."

Das „Hotel Nordperd" hat eine interessante Geschichte. Zunächst ohne Aussichtsturm in der Nähe des Göhrener Wasserturms errichtet, ließ Besitzer Franz Brunst 1905 einen Turm anbauen, den die Hotelgäste kostenlos „von Etage zu Etage“ und daher „schwindelfrei“ besteigen durften. „... von hier Besichtigung durch gutes Rathenower Fernrohr der ganzen Insel

Rügen und Festlandsküste bis Swinemünde resp. Stralsund" hieß es 1906 in einer Anzeige. Das Haus verfügte nun außerdem über eine ausgedehnte Glasveranda. „Das erforderliche Eisengerippe im Gewicht von ca. 100 Ztr. lieferte die Firma Reimer zu Greifswald und das nicht unbedeutende Quantum Glas eine Stralsunder Firma", berichtete das *Rügensche Kreis- und Anzeigeblatt* vom 7. Juni 1905.

Das „Hotel Nordperd" auf einer im Juli 1903 geschriebenen Karte. Das Hotel hatte damals noch keinen Aussichtsturm.

In den 1920er Jahren hatte die „Hermann und Johanna Abraham Stiftung" das Haus erworben und zu einem Kinderheim umgestaltet, in dem sich vor allem Kinder aus Berlin, Sachsen und Schlesien erholen konnten, später wurde es zum „Hermann-Johanna-Heim" für jüdische Kinder.
1933 übernahm die „Nationalsozialistische Volkswohlfahrt" (NSV) das Haus und führte es als „Kinderheim Rügen" weiter, ab 1941 gehörte es zu den von der „Kinderlandverschickung" (KLV) genutzten Einrichtungen, wobei dem jüdischen Verein das Eigentum entzogen wurde.
1949 wurde das Haus zunächst an die Jüdische Landesgemeinde von Mecklenburg übertragen, die es 1951 abgeben musste. Ab dann gehörte das Haus der Hauptabteilung Deutsche Volkspolizei, Abteilung Gesundheitswesen, die es als Gesundheitseinrichtung „Ernst Thälmann" nutzte. Das Hotel wurde nach der Wende abgerissen und durch einen Neubau, das „Hotel Hanseatic", ersetzt, der äußerlich teilweise dem Original folgt. Auch der öffentlich zugängliche Aussichtsturm gehört wieder dazu.

Blick auf das Hotel mit Aussichtsturm und den 1902 erbauten Wasserturm auf einer 1913 geschriebenen Karte. Der Wasserturm war viele Jahre eine amtlich geschützte und in Seekarten und -handbüchern eingetragene Landmarke für die Schifffahrt.

1882 erschien der Ort erstmals in den Fremdenlisten von Rügen. Göhren war nun auch in die regelmäßigen Dampferverbindungen eingeschlossen. Anlaufpunkt war anfangs Kleinhagen, wo vom Dampfer „Anclam" in der Saison täglich Badegäste aus Greifswald und Lauterbach anlandeten und mit Pferdewagen nach Göhren weiterbefördert wurden. 1888 waren es bereits so viele Urlauber, dass 16 Fuhrwerke zwischen Kleinhagen und Göhren pendeln mussten. Später, ab 1889, wurde, sehr zur Empörung der Fuhrwerksbesitzer von Kleinhagen, auch das Bollwerk von Baabe für den Bäderverkehr ausgebaut und genutzt.

Göhren brauchte dringend eine eigene Seebrücke. Die in der Literatur zu findenden Daten zu den Seebrücken am Süd- und Nordstrand unterscheiden sich zum Teil gravierend.Zunächst nutzten die Göhrener Lotsen die Reste der sogenannten Schwedenbrücke am Südstrand, die 1813 von der schwedischen Regierung als Landemöglichkeit für ankommende Schiffe und für das Ausschiffen von Truppenausrüstungen und Soldaten gegen Napoleon erbaut wurde. 12 zur See hinausführende Steinkisten bildeten die Basis dieser etwa 280 Meter langen und etwa sechs Meter breiten Brücke, die bereits 1815 für die preußische Regierung wegen ihrer abseitigen Lage ohne jede Bedeutung war. Nur die Lotsen besserten den Brückenbelag hin und wieder aus und nutzten sie bis 1859 zum Ablegen ihrer Boote. Wohl bereits 1894 wurde eine behelfsmäßige „Landungsstelle“ mit zwei Geländern errichtet.

Auf der im Juli 1905 mit Bahnpost verschickten Karte sind die Überreste der Schwedenbrücke deutlich zu erkennen. „Gut angekommen bin ich. Heute Morgen (Sonntag) nach langem Reisen eine Wohnung gemietet; ich wohne Göhren auf Rügen Villa Heimkehr Katharinenstr. Eben Mittag gegessen. Nun soll es zum Meer gehen, allerdings zum Nordstrand. Wenn Du Zeit hast, schreibe bald einmal.“

In der Gemeinde war man sich durchaus bewusst, dass „diese Landungsstelle sowohl für die Badegäste als auch für die anlegenden Passagierdampfer ziemlich große Nachteile (ergibt), da die Reisenden vom Südstrande bis in den Ort ziemlich eine halbe Stunde zurückgelegt haben und die in Aussicht genommene Anlegestelle auch den Dampfern schwer in den Kurs paßt. Trotzdem dürfte man sich auf die bezeichnete Landungsstelle einigen, da der Nordost eine große Brücke nördlich vom Nordpeerd ernstlich gefährden würde“, berichtete das *Rügensche Kreis- und Anzeigeblatt* am 25. November 1908 über die entsprechenden Beratungen in der Gemeinde. 1909 bekam der Südstrand rund 500 Meter westlich der Schwedenbrücke seine mit einem Kostenaufwand von 136 000 Reichsmark erbaute Seebrücke für den Bäder- und Ausflugsverkehr. Immerhin 1076 m lang, um die geringe Wassertiefe auszugleichen (eine Forderung der Reederei Braeunlich), besaß die Brücke ein weißes Brückenrestaurant mit rotem Pappdach und war die längste

Seebrücke an der deutschen Ostseeküste. Den Bauauftrag hatte die Kieler Firma Habermann & Guckes erhalten. Die Brücke musste ein Verlustgeschäft darstellen, war sie doch wegen fehlender Anbindung an das Zentrum des Badeortes nicht als Promenade wie z. B. in Sellin und Binz geeignet. Abweichend von diesen in historischen Reiseführern genannten Daten (zum Beispiel *Grieben* 1910-1911 und *Arthur Schuster* 1913-1914) wird in der Literatur und im Internet häufig 1898 als Baujahr angegeben.

Blick auf das „Brückenhaus“ der Südbrücke auf einer undatierten Karte.

Während des ersten Weltkrieges trug man bereits während der Mobilmachung 1914 einige der Brückenjoche in regelmäßigen Abständen ab, weil man feindliche (russische) Anlandungen befürchtete. Nach Kriegsende fehlte dann das Geld für einen Wiederaufbau; der Staat stellte zwar 120.000 Mark für den Neuaufbau bereit, diese verfielen aber durch die Inflation und so verkaufte man das Brückenholz an die Göhrener Bürger. Die Brücke hatte also gerade einmal fünf Jahre Bestand.

1912 wurde in Zimmermannsarbeit eine 126 Meter lange und 3,8 Meter breite feste hölzerne „Promenadenbrücke“ für die gemeindeeigenen Motorschiffe „Göhren“ und „Buskam“ errichtet, die nun „nur“ noch für das Ausbooten „zuständig“ waren.

Aus Furcht vor feindlichen Anlandungen wurde die Brücke am Göhrener Südstrand demontiert.

Göhrener Seebrücke auf einer im Juli 1918 verschickten Karte. Noch immer muss an- und ausgebootet werden.

Abfahrt des Dampfers von der Seebrücke auf einer undatierten Karte.

Zustand der Brücke auf einer im Juli 1952 aus dem „Friedrich-Engels-Heim" verschickten Karte.

Die „Sassnitzer Dampfschiffsgesellschaft" baute 1925 einen Brückenkopf nach Plänen der Sassnitzer Firma Max Grabbert an und hielt diesen auch auf eigene Kosten instand.
1934 erhielt der Nordstrand mit Zuschüssen des Reichsverkehrsmuseums und verschiedener Förderfonds durch Verlängerung des bestehenden Provisoriums eine 450 lange Brücke, die das lästige und nicht ungefährliche Ein- und Ausbooten endlich überflüssig machte. An zwei Flügelbrücken, die am Brückenkopf 1938 eine äußere Querverbindung erhielten, konnten die Dampfer gefahrlos anlegen. 84.216,98 M hatte die damals modernste und bestkonzipierte Brücke gekostet, wovon der Staatshaushalt 78.500 Mark trug. Die Holzbauarbeiten hatte die Brückenbaufirma von Karl Koldevitz aus Seedorf, die Eisenkonstruktion die Firma Gollnow aus Stettin ausgeführt.

Das (Bade-) Leben in Göhren schilderten die Reiseführer von *Müller* (1886) und *Dunker* (1888) fast gleichlautend als ungezwungen, besondere Vergnügungen gäbe es wenig, Strand und Wald böten aber viele Reize und Gelegenheiten zu den schönsten Spaziergängen.

Neben den ersten Hotels vermieten bald auch einige Villen Betten an Gäste, so z. B. die 1886 im Schweizer Stil erbaute „Villa Hanni", noch heute eine Augenweide der Bäderarchitektur.

Der Reiseführer von *Müller* resümierte 1886 nach Aufzählung der damaligen Hotels, Pensionen und Gasthöfe: „In den vorgenannten Gasthöfen, in denen man bei nicht allzu hoch geschraubten Ansprüchen gut aufgehoben ist, konzentriert sich der Hauptverkehr der Badegäste, denn auch diejenigen, welchen Privatlogis beziehen, speisen meist in einem dieser Hôtels. Die Preise sind in allen dieselben. Volle Pension mit Wohnung je nach der Lage 4½-5 Mk.; nur bei besonderen Ansprüchen betreffs der Wohnung erhöht sich der Preis bis auf 6 Mk. Einzelpreise: Logis 1½-2 Mk., Mittag ½ Mk., Abendessen 80 Pf. Kaffee mit Zubehör 70 Pf., also nicht viel höher wie die Pensionspreise. Gute Privatwohnungen kosten pro Zimmer 12-15 Mk. wöchentlich; größere Wohnungen nach Übereinkunft."

Ein Jahr später lobte der Reiseführer von *Seelig* Göhren nicht nur wegen seiner „herrlichen waldumgebenen Lage am hohen Uferrande, seinem vorzüglichen

„Villa Hanni". Die Besitzerin Frau Dr. Köllein verwies um 1920 auf 28 Zimmer und vier Kammern zu Wochenpreisen von zehn bis 35 Mark, mit und ohne Pension.

Badegrunde und dem hier verhältnismässig starken Wellengang". Es sei besonders das „ungezwungene Leben der Badegäste, welche hier ganz der Natur leben und wenig durch Vergnügungen behelligt werden, während ihnen doch andererseits wieder genügender Comfort geboten wird, welches von Jahr zu Jahr mehr Besucher anzieht".

Zum „genügenden Comfort" dürften auch die wichtigsten Versorgungseinrichtungen beigetragen haben, etwa das 1887 von einem Herrn Schumacher gegründete erste größere Kaufhaus, das unter anderem Manufaktur- und Kurzwaren, Wäsche und Strickwaren, Weine, Biere und Liköre anbot, aber auch eine Kohlenhandlung enthielt und die Besucher abends musikalisch unterhalten ließ. Besitzerin war ab 1901 Luise Meyer. Um 1920 unter neuem Besitzer firmierend, fand sich in einem Prospekt der Hinweis: „Leihweise sind zu haben: Lampen, Menagen, Sportwagen, Badewannen, Strandkörbe."

Die 1910 verschickte Karte zeigt das Kaufhaus von Luise Meyer und ihr „Pensionshaus Putbus".

Blick in die Strandstraße, die Karte wurde im Juli 1912 verschickt, auf ihr ist rechts die Räucherei von Ottilie Meyer zu sehen, aus der laut Aushang unter anderem Matjesheringe verkauft werden. Um 1920 warb Ottilie Meyer u. a. mit Andenken, Spielsachen, Leihbibliothek und Zeitungsagentur, im Zweiggeschäft (vis à vis Kurhaus) mit Badewäsche, Hüten und Mützen. Auf Grund ihrer längeren Geschäftstätigkeit am Platze sei sie in der Lage, „meine werte Kundschaft in jeder Beziehung vorteilhaft zu bedienen".

Die Entwicklung Göhrens zum Badeort schlug sich bald auch in Zahlen nieder, die das *Rügensche Kreis- und Anzeigeblatt* vom 17. Mai 1898 veröffentlichte. Demnach resultierten die jährlichen Gesamteinnahmen Göhrens zu jener Zeit zu ca. 91 Prozent aus dem Fremdenverkehr und nur noch zu ca. sieben Prozent aus der Fischerei (damals arbeiteten noch etwa 15 Kleinfischer) und zu ca. zwei Prozent aus der Landwirtschaft (es existierten nur noch fünf Bauernstellen).

In einem Prospekt von 1900 wurden mit 6.700 erstmals gesicherte Besucherzahlen genannt, 1907 waren es etwa 10.000 Badegäste, 1911 war Göhren mit 15.030 Gästen bereits an die dritte Stelle der Rügenbäder nach Binz und Sassnitz gerückt. Die Fertigstellung der hier endenden Linie der Kleinbahn im Jahre 1899 dürfte von Anfang an einen erheblichen Beitrag zu den steigenden Zahlen geleistet haben.

Der Bahnhof in den 1950er Jahren. Im Reiseführer von *Grieben* wird 1912/13 die Bahnhofswirtschaft unter ihrem Besitzer Jasmund mit dem Hinweis „Mittagstisch" erwähnt. In einem Prospekt der Kurverwaltung aus 1950 wird als Pächter der Bahnhofsgaststätte Heinrich Knöß genannt, der „die anerkannt gute Verpflegungsstätte mit vorzüglichem Mittags- und Abendtisch" bewirbt.

1902 vermerkte der Reiseführer von *Kiessling*: „...thatsächlich kann vielfach ein Teil der Zureisenden nicht aufgenommen werden, und in der Hauptzeit finden Touristen selten Unterkunft".

Dabei war die Anzahl der Hotels (um 1903 waren es 13 „Hôtels"), Pensionen und Gasthöfe inzwischen sprunghaft angestiegen, was wohl der Anlass für „Frl. Schmidt" war, in die Annonce für ihre Familienpension „Villa Elsbeth" mit 16 Zimmern den Hinweis zu formulieren, man möge, „um Verwechslungen vorzubeugen, bitte auf den Namen `Elsbeth` ... achten".

Der um 1906 erschienene Rügen-Band aus der Reihe *Agricolas Wanderbücher* vermerkt halb kritisch halb anerkennend, das Badeleben habe „durch die große Frequenz Göhrens zwar an Einfachheit verloren, weist aber noch keinen luxuriösen Charakter auf. Bei der großen Zahl der Badegäste verschwindet der einzelne im Strome der Menge, und es herrscht ein ziemlich zwangloser Aufenthalt."

Der Abgang zum Südstrand auf einer im Juni 1903 verschickten Karte. „Seit heute nachmittag Oststurm! Am Nordperd am 17.06.III so viel abgespült, daß man kaum umhergehen kann."

Um 1885 verfügte der Badeort am Nordstrand bereits über ein Damenbad und ein Herrenbad.

„Herren dürfen, solange die Flaggen auf den Badeanstalten aufgezogen sind, das Damenbad und den begrenzenden Strand nicht betreten" – lautete die zeitgenössische Vorschrift.

Der Abgang zum Fischerstrand auf einer 1904 gedruckten Karte, rechts ein nach 1815 errichtetes Salzhaus für den Fischfang zu erkennen, das noch bis 1953 als Geräteschuppen für die Göhrener Reusenkompanie diente.

Am Ende des Abstiegs vom „Hotel Brandenburg" befand sich das 1884 erbaute Warmbad mit kleiner Restauration in einer offenen Veranda, Schreib- und Lesezimmern und einer beliebten Terrasse, von der man die Schiffe beobachten konnte.

Blick zum Warmbad auf einer im Mai 1913 nach Chasselay (Rhône) verschickten Karte

Zum Warmbad gehörte schon früh die „Restauration zum Warmbad". Erster Besitzer war laut Reiseführer von *Bamberg* 1895 ein Herr Bremer. Einer seiner Nachfolger warb 1903/04 im Reiseführer von *Schuster* u. a. mit gut eingerichteten Zimmern und schattigen Sitzplätzen mit dem „denkbar weitesten Ausblick auf die See" und ein Jahr später im Reiseführer von *Gauge* u. a. mit „angenehmer Aufenthalt und vorzügliche Sitzplätze in den Abendstunden bei elekt. Beleuchtung der Dampfer".

Die „Restauration zum Warmbad", hier auf einer im Mai 1923 geschriebenen Karte.

Ein laubenartiger Pavillon am Waldrand, ein Steg durch den Dünensand mit Bretterbänken und 16 Schilfhütten, in denen man Bank und Tisch zum Ausruhen mieten konnte, ergänzen die Vergnügungsmöglichkeiten. Anfang des 20. Jahrhunderts ist der alte Holzsteg über die Dünen einem festen Weg gewichen, statt der Schilfhütten ist etwas höher im Dünengelände ein fester verandaartiger Pavillon errichtet worden. Ein runder „Lesepavillon" dient gelegentlich auch der Kurkapelle für ihre Auftritte. Später, nachdem die Sturmflut von 1904 den Pavillon stark beschädigt hatte, baute man eine kleine Rotunde für die Kurkapelle ein.

Die undatierte Karte zeigt den alten Lese- und Musikpavillon am linken Bildrand und in der Bildmitte die Strandhalle. Der Reiseführer von *Schuster* verwies 1907/08 darauf, dass im Musikpavillon „Konzerte der vorzüglichen Badekapelle unter Leitung ihres Dirigenten, des Kapellmeisters Goetze (Komponist der Oper `Rose von Thiessow`) Vor- und Nachmittags stattfinden". Bei der Sturmflut 1904 wurde der Pavillon stark beschädigt und danach durch eine Rotunde in der Strandhalle ersetzt.

Auch die Badeanstalten mussten nach der Sturmflut von 1904 erneuert werden. Allein für das Familienbad, das 1905 durch Umbau des alten Herrenbades entstand, waren 250 Pfähle einzurammen. Mit Fertigstellung des Unter- und Mittelbaus der Badeanstalten konnten aber bald die Badezellen von einem Herrn Deichen geliefert und die Längsfronten, Türen usw. von Herrn Subklew hergestellt werden – berichtete das *Rügensche Kreis- und Anzeigeblatt* am 1. März 1905. Die Preise und die Badezeiten blieben zunächst unverändert: Für ein kaltes Bad zahlte man 30 bis 40 Pfennige, Kinder die Hälfte, Badezeit war jeweils von 6 bis 13 Uhr, in der Hauptsaison auch 15 bis 17 Uhr.

Gern wurde die um 1900 begonnene Strandpromenade genutzt, an der inzwischen Bäume angepflanzt wurden, man besuchte die 1889 am Warmbad eingerichtete Strandkonditorei oder saß in voller Kleidung am Strand in steifen, von der Sonne abgekehrten Strandkörben, vermietet durch Schuhmachermeister Carl Looks, Bierverleger H. Sponholz, die Fischer J. Niejahr und H. Looks, Fuhrmann J. Wittmiss oder Hausbesitzer M. Schmidt. Spediteur W. Halliger vermiete zusätzlich „Strandhütten aus Rohr".

Einer, der die Schönheiten der Landschaft um Göhren pries, war der Dichter Max Dreyer, der sich auf dem Nordperd um 1901 sein „Drachenhaus“ baute, es zunächst als Sommerhaus nutzte, ehe er hier ab 1921 bis zu seinem Tode im Jahre 1946 zusammen mit seiner Frau Victoria wohnte. „Nur ein Gestade gibt es auf der ganzen Welt, das diesem ähnlich ist, so zerklüftet, mit so wunderbar wechselnden weichen und scharf gerissenen Linien, und eben solche Zwiesprache hält mit dem Himmelslicht: die griechische Küste!“

Das „Drachenhaus“ auf einer im Juli 1908 verschickten Karte.

Die Badegäste belagerten das Grundstück regelrecht, fragten nach dem Signalmast in der Nähe, nach dem Wetter und immer wieder nach dem ungewöhnlichen Haus, glaubten hin und wieder auch, im Haus wohne derjenige, der den Signalmast bedient. Seine Haushaltshilfe war der ewigen Fragerei der Gäste, die es außerdem an der nötigen Höflichkeit fehlen ließen, offenbar überdrüssig. Dreyer konnte mehrfach Zwiegespräche zwischen ihr und allzu aufdringlichen Besuchern mithören: „Sie, Fräulein, was bedeutet denn das Zeichen da oben?“ (am Signalmast war ein trichterförmiges Seezeichen aufgezogen). „Der Trichter? Wenn der Trichter aufgezogen wird, dann gibt es Kaffee im Drachenhaus“, lautete die schlagfertige Antwort.
Ein anderes Mal war zu hören: „Sie – sagen Sie mal, was ist das für ein Haus?“ So unhöflich angesprochen entgegnete die Maid: „Dies ist eine

Irrenanstalt. Zwei Zellen sind gerade noch frei!“ Die meisten Göhrener gewöhnten sich wohl an den Dichter und nannten ihn bald nur noch „uns´ Dokting“. Sein Haus existiert noch heute, kann aber nicht besichtigt werden, seine Grabstätte befindet sich auf dem Göhrener Friedhof.
Elizabeth von Arnim, die Rügen Ende des 19./Anfang des 20. Jahrhunderts mindestens drei Mal besuchte und diese Reisen in ihrem amüsanten Roman *Elisabeth auf Rügen* verarbeitete, hatte wohl einen schlechten Tag in Göhren erwischt. Nachdem sie vergeblich in mehreren Hotels, darunter auch im „Hotel Brandenburg”, nach einem Zimmer gefragt hatte, fand sie schließlich Unterkunft „im finstersten Hotel des Ortes“, in einem Zimmer „unterm Dach, in einer Art von Turm, in welchem acht Betten“ und ein „kleines eisernes Waschgestell, ein Ding mit drei Etagen, eine Schüssel oben, eine Seifenschale in der Mitte, darunter ein Wasserkrug, und sonst keinen Zoll Platz, wohin man einen Schwamm oder eine Zahnbürste legen konnte“. Resignierend stellte sie fest: „Es ist nutzlos, Göhren zukünftigen Reisenden zu beschreiben, denn ich bin voreingenommen. Es war kalt dort, ich fror, war hungrig und müde und musste auf dem Dachboden schlafen. In meiner Erinnerung bleibt es ein Ort mit schneidendem Wind, einem steilen Hügel und einem eisernen Waschgestell in drei Etagen.“ Ihre Absicht, zu besseren Zeiten und nach Vorbestellung von Zimmern wiederzukommen („Denn ich glaube, der Ort ist wirklich schön. Jeder Ort mit so viel Meer und so viel Wald muß schön sein“), hat sie aber wohl doch nicht verwirklicht. Darüber, welches nun dieses „finsterste“ Hotel war, streiten sich die Experten.
1906 war das Datum für einen pikanten Aufenthalt von Gerhart Hauptmann in Göhren. Er verliebte sich hier in die junge Schauspielerin Ida Orloff und war sogar bereit, sich von seiner Frau Margarete zu trennen. Diese war clever genug, ihrem Mann eine Woche Sommerfrische mit der Geliebten zu gestatten. Hauptmann war danach offenbar so genervt, dass er sich schnell wieder von der Schauspielerin trennte.
Ein weiterer berühmter Gast in Göhren war Hans Albers. 1932 drehte die UFA-Filmgesellschaft unter der Regie von Karl Hartl den utopischen Film „F. P. 1 antwortet nicht”; Drehort war u. a. die Greifswalder Oie. Für den Film waren in Seedorf und Göhren jeweils 150 Statisten für eine damals hohe Gage von zehn Mark plus 3,50 Mark Verpflegung pro Drehtag angeworben worden. Selbst an den übrigen Tagen wurden noch vier Reichsmark gezahlt. Ein arbeitsloser Göhrener berichtete, man habe ihm und anderen Kleindarstellen soviel Honorar geboten, wie ansonsten in

der Woche Arbeitslosenunterstützung gezahlt wurde - und das vier Wochen lang. Bei einigen Kurhausbesitzern soll es geheißen haben, „der Pöbel spielt im Film, eine Schande". Sie hätten es wohl lieber gesehen, wenn sie sich selbst mit den Filmstars hätten fotografieren lassen können. Über den Aufenthaltsort Albers während der Dreharbeiten gibt es unterschiedliche Aussagen. Ein Medienportal behauptet, dass der „blonde Hans" während der Dreharbeiten im „Fürstenhof" in Putbus genächtigt habe. Das erscheint angesichts der Entfernungen eher unwahrscheinlich. Dagegen wirbt noch lange Zeit die damalige „Villa Stranddistel" (heute Hotel) damit, Hans Albers habe hier Mitte der 1940er Jahre seinen Urlaub auf Rügen verbracht. Er dürfte hier auch während der Dreharbeiten genächtigt haben.

Hans Albers auf der Göhrener Seebrücke und auf dem Weg zum Drehort auf der Greifswalder Oie.

Um 1907 waren es Gemeindevorsteher, Badedirektor und Amtsvorsteher Friedrich von Pressentin und seine Frau Maria, die die Entwicklung des Badeortes vorantreiben wollten, indem sie Vertreter des Adels und des gehobenen Bürgertums nach Göhren holten. So wohnten bei den von Pressentins die Kinder der Kronprinzessin von Rumänien mit ihren Lehrern und Erziehern. Die Kronprinzessin „gab ihrer besonderen Freude Ausdruck über das gesunde und kräftige Aussehen ihrer beiden Kinder, welche schon seit 6 Wochen im Hause des Herrn von Pressentin... wohnen." Die

Kronprinzessin selbst war mit dem Dampfer „Freia“ eingetroffen, mittels Motorboot angelandet und nahm im „Hotel Brandenburg” Wohnung, berichtete das *Rügensche Kreis- und Anzeigeblatt* am 31. August 1908. Friedrich von Pressentin wurde bald darauf Mitglied des „Rügenschen Ostseebäder-Verbandes e. V.” (ROV), einem Teilverband vom „Verband Deutscher Ostseebäder”.

In diese Zeit fiel auch die Episode der Oper „Die Rose von Thiessow“, die ab 1898 auf Initiative von Fritz Worm und Pastor Emil Steurich am Strand von Göhren immerhin 27 Mal aufgeführt wurde. Bestandteil der Oper soll u. a. eine Episode auf dem Gut Philippshagen gewesen sein: Johanna Brandt, Frau des Pächters von „Klickows Gasthof” in Groß Zicker, diente auf dem Hof zu Philippshagen. Als König Friedrich Wilhelm IV. eines Tages dort erschien, soll er zu ihr gesagt haben: „Johanna, bis du schön!”. Sie aber soll geantwortet haben: „De Kirl is woll mall!” Glücklicherweise verstand das der König nicht, es dürfte auch nur leise gesprochen worden sein.

Zimmermeister O. Burmeister hatte für die Aufführungen extra eine große Halle für mehr als 600 (!) Personen in der Nähe des heutigen Kleinbahnhofes in den Dünen erbaut. Komponist der Oper war der Dirigent und Leiter der Kurkapelle Franz Goetze, den Text schrieb Paul Jaromar Wendt, Dramatiker und Kaufmann in Stettin, in Anlehnung an „Der Strandvogt von Jasmund“ von Philipp von Galen. Zur 15. Aufführung erschien sogar „Seine Durchlaucht selbst“, der Fürst zu Putbus, in Begleitung von Familienmitgliedern und Gästen, und soll gegenüber dem Dichter und dem Komponisten seine große Befriedigung ausgesprochen haben. Fritz Worm schrieb später, dass ein namhafter Gewinn leider nicht übrig geblieben sei, Dichter und Komponist seien aber doch sehr zufrieden gewesen. Lediglich der Pächter der nahegelegenen Warmbadrestauration, Heinrich Stuht, machte ein glänzendes Geschäft und hätte am liebsten in jeder Saison derartige Aufführungen gehabt. Die Halle wurde noch bis 1901 für Aufführungen, meist Gastspiele des Fürstlichen Schauspielhauses Putbus, für die auch der Theaterzug zum Einsatz kam, genutzt, letztlich aber rentierte sich das Unternehmen nicht und sie wurde 1903 abgerissen.

Die Tänzer und Sänger des Chores bilden auf Initiative von Worm und Pastor Steurich eine Theater-Laienspielgruppe, die sogar in Berlin auftrat. Am 29. Januar 1908 konnte das *Rügensche Kreis- und Anzeigeblatt* von Veranstaltungen in Richtenberg und Franzburg berichten, bei denen nach jedem Akt „brausender Beifallssturm“ erscholl, „der sich bis zum Schlussakt

hin `Mönchgauder Hochtid mit Schüddelbüx-Danz` immer mehr steigerte. Auch die Gesangseinlagen, alte Mönchguter Fischer- und Volkslieder, wurden vorzüglich gesungen und fanden allgemeinen Anklang."
Ein gewisser Camillo Morena, hinter dem sich der Berliner Richard Bier verbarg, brachte 1909 einen Jubelwalzer unter dem Titel „Göhren, die Perle von Rügen", unters Volk: „Vom Sonnengold umwoben, strahlst liebes Göhren, Du! Aus Deiner Wälder Schatten winkt märchenhafte Ruh´. In Deiner Fluten Kühle erfrischt sich Herz und Sinn, Du bist der Ostsee Perle – Du Rügen´s Königin" hieß es im Text. 1911 erlebte der Walzer seine 100. Aufführung, wie das *Rügensche Kreis- und Anzeigeblatt* am 14. Juli berichtete. Sämtliche Räume des „Waldhotels" seien beim Extra-Konzert der „hiesigen" Kurkapelle unter Leitung ihres Dirigenten Herrn Ziesener schon zu Beginn dicht gefüllt gewesen, einige Gäste mussten sich mit Stehplätzen begnügen oder „von gastfreundlichen Villennachbarn Tische und Stühle leihweise erbitten".
Auch die zeitgenössischen Reiseführer lobten Göhren, das inzwischen mit Trottoir, Wasserleitung, Kanalisation, Gas und elektrischem Licht versehen sei, aber dennoch unter den größeren Badeorten seine Ursprünglichkeit bewahrt habe. „Sehr lieblich gestaltet sich das Strandleben am Nordstrand, mit Strandkörben dicht besetzt, in denen das Badepublikum vor sich die Burgen bauenden und Gräben ziehenden Kinder, den Klängen der Badekapelle in süßem Dolce far niente lauscht." Wer wollte, konnte sich in Mönchguter Kleidung fotografieren lassen, „der Photograph Horneburg am Orte hat stets Kleider für derartige Zwecke bereit", oder sich durch „Susi", den lachenden Bären, belustigen lassen, schwärmte 1913/14 der Reiseführer von *Schuster*.
Inzwischen hatten sich auch die Badegäste mehr und mehr gewandelt. Anfangs vorrangig Vertreter des wohlhabenden Bürgertums, waren es seit den 1920er Jahren zunehmend Angehörige der gehobenen Mittelschicht gut verdienender kleinerer Beamter und Angestellter.

1924 wurde Richtfest des neuen Kurpavillons gefeiert; es ist übrigens der einzige an der deutschen Ostseeküste, der sich zum Meer hin öffnet. Die Pläne zu der noch heute vorhandenen und restaurierten Anlage stammten vom Göhrener Architekten Paul Menge.

Beim Konzert auf einer undatierten Karte.

Göhren, das bis dahin kirchentechnisch zu Middelhagen gehörte, wurde 1913 eigenständige Kirchgemeinde. Der erste Weltkrieg und finanzielle Probleme verhinderten jedoch zunächst einen eigenen Kirchenbau. Als der Zustrom der Badegäste begann, hatte man sich erstmals 1898 im Mönchguter Forst mit Waldgottesdiensten unter dem Pfarrer von Middelhagen mit bis zu 500 Teilnehmern beholfen.

Einige Jahre später nutzte man den Saal vom Hotel „Seestern“, danach den vom „Zentral-Hotel“ und zuletzt einen großen Saal des „Ostseehotels” als Kirchsaal für die Gottesdienste der Gemeinde.
Für den Bau eines Kirchengebäudes wurde schließlich das Gelände am „Speckbusch”, einem ehemaligen Hügelgrab, ausgewählt, obwohl sich die Gemeinde ursprünglich gegen diesen Standort ausgesprochen und gefordert hatte, „die Kirch mutt in Dörp”.
Verschiedene Projekte wurden vorgelegt, aus den unterschiedlichsten Gründen aber nicht realisiert, so auch das von Grisebach und Steinmetz aus Berlin.

So hätte die Kirche von Göhren aussehen können, wenn es nach den Berliner Architekten Grisebach & Steinmetz gegangen wäre.

Erst 1929 wurde der Kirchenbau nach den Plänen des Berliner Architekten Peter Jürgensen verwirklicht. Das Innere der Kirche ist an der Mönchguter und der Tradition der Seefahrer orientiert: Die vom Tiroler Bildschnitzer Ferdinand Stufflesser geschnitzten Altarfiguren Maria und Johannes sind als Mönchguter Paar dargestellt, die vom Meininger Grafiker Matthes geschaffenen Kirchenfenster enthalten Motive der Seefahrt, das im Chor hängende Votivschiff „Seeadler" übergab der Göhrener Fischer und Landarbeiter Paul Strübing 1935 der Kirche.

Was den rund 10.000 Badegästen zu jener Zeit an Unterhaltungsmöglichkeiten geboten wurde, listete 1931 der Reiseführer von *Meyer* auf: „Konzerte 15 mal wöchentlich im Musikpavillon auf der Strandpromenade; ferner in verschiedenen Lokalen. Hauskapellen im Kurhaus, Strandkonditorei... Kabarett in verschiedenen Lokalen. Lichtspiele im Hotel Borgmeyer. Tanzabende in verschiedenen Lokalen; ferner Kinderfeste sowie Feuerwerke... Tennisplätze an dem Wege zum Bf., Scheibenschießstand im Hotel Zum Hövt; Angeln. Bootsfahrten... Lesehalle im Warmbad... \`Rügensche Kurzeitung\` während der Saison 3mal wöchentlich." Der gleiche Reiseführer bezeichnet das Badeleben als „sehr ungezwungen ohne laute \`Vergnügungen\`".

Im 1931 wurde diese Karte per Brief verschickt. Der Text gibt einen kleinen Einblick in den Aufenthalt in der „Villa am Meer": „Mit meinem Zimmer bin ich sehr zufrieden, alles sehr sauber, jetzt parterre Mittel-Veranda, nächste Woche bekomme ich 1 Zimmer I Etage, da habe dann die gewünschte Aussicht. Heute habe auch einstweilen 1 Strandkorb in der 4ten Reihe, Montag hoffe 1 mit Burg vorn am Meer zu bekommen. An der 1 Bank stehen die Leute seit gestern an, sonst merkt man hier nichts von mißlicher Lage. Für das Zimmer bezahle 4 Mk, also sehr preiswert. Gestern haben wir Nachmittags Heidelbeeren gesucht, u. daher billiges Abendessen. Martel u. ich haben sehr gerechnet, na nun ist´s also nicht so schlimm, da kann die Motte schon mal 1 Wunsch äußern. Wenn nur das Wetter wärmer würde, Mittwoch hat es bis 2 Uhr Nachts geregnet, Donnerstag Nachmittag 1 Guß nach dem anderen u. gestern Mittag kam auch 1 Schauer, da flüchtet alles in die Concerthallen u. in 1 neue Unterkunft. Die Strandpromenade ist bedeutend verlängert worden u. auch der Badestrand. Der Sturm hat hier im Wald schlimm gehaust, viele Bäume abgebrochen, überall liegen große u. kl. Äste herum, es soll fürchterlich hier gewesen sein. Nachmittag ½ 6. Sitze beim Concert in der Halle, Martel ist mit der kl. Schaufel zum Strand, mir ist´s dort zu naßkalt, denn heute Mittag hat es wieder geregnet u. jetzt tröpfelt es immer mal. Habe heute mein I. Bad genommen, es war sehr kühl, mußte tüchtig strampeln damit ich warm wurde, bin auch nicht lange drin geblieben, Martel hat auch nur mal untergetaucht. Von Berlin aus werden 8 u. 14tägige Gesellschaftsfahrten nach hier veranstaltet. Fahrpreis, volle Pension, Kurtaxe u. einige Vergnügungs-Dampferfahrten u. Ausflüge für 98 resp. 148 Mk. Mittagessen im Deutschen Haus preiswert u. gut. Heute Abend essen wir Aal z. 60 Pf. Hinter dem Bäumen nach dem Strand zu beim x liegt die Villa am Meer... Sonntag früh. Nach stürmischer Regennacht lacht die Sonne, aber der Wind geht noch mächtig. Bin mit Martel nach dem Hövt u. sitze jetzt am Steilufer u. genieße die herrliche Aussicht auf die Greifswalder Oie, Insel Ruden, Greifswald, Insel Wollin u. Usedom mit Kirchtürmen u. Badestrand. Martel macht im Sand ein Gärtchen von Zittergras u. Zaun ringsum, überhaupt das Spielen im Sand ist der Motte ihr Alles... Doch nun müssen wir zum Essen es ist 12 Uhr."

Das Wohnungsverzeichnis für 1939 wies in den 13 Hotels, Gasthöfen und Hospizen sowie in den 93 übrigen Fremdenheimen 2.595 Betten aus, in 167 Zimmern gab es fließendes Wasser. 31 Häuser verfügten über Garagen, in 27 Häusern gab es insgesamt 34 Küchenwohnungen, neun Häuser besaßen Zentralheizung. Die Preise für ein Bett ohne Bad lagen zwischen 0,75 RM außerhalb der Saison im „Haus Genz" von Emma Genz und 3,50 RM in der Saison im „Hotel Brandenburg" von Ludwig Halliger, im „Kurhaus Strandhotel" von Wilhelm Werner, im „Waldhotel" von Karl Gager, im „Gasthof zur Linde" von Bertha Vieth und in der „Villa Lo" von Albert Ebel. Frühstück gab es zu Preisen von 0,75 RM bis 1,50 RM.

Für 1951 bot der FDGB-Feriendienst die folgenden Unterhaltungsmöglichkeiten:

FDGB

Kurveranstaltungen 1951

Juli

2.	1000 bunte Noten, Kurtanzabend	Kurhaus
3.	Varieté, DVD, „Ferienfreuden"	Kurhaus
4.	Kulturbund, Dr. Dedie, Forschungsinstitut Riems „Wege der Seuchen bei Mensch und Tier"	Waldhotel
5.	Musikalische Unterhaltung DVD „Dresdener Heimatquintett"	Kurhaus
6.	Kurtanzabend „Lebensfreude"	Kurhaus
7.	30 Alberti-Mädels, Varieté	Kurhaus
9.	Theater	Kurhaus
10.	Modenschau, DVD	Kurhaus
11.	Kulturbund, Dr. Flachsel „Wir und das Weltall" mit Lichtbildern	Waldhotel
12.	Kabarett, DVD, „Das Schachbrett"	Kurhaus
13.	Kurtanzabend	Kurhaus
14.	Laienkunst	Waldhotel
15.		
16.	Gesellschaft f. Deutsch-Sowj. Freundschaft	Waldhotel
17.	Verieté, DVD, „Scheinwerfer auf"	Kurhaus
18.	Variete, DVD	Kurhaus
19.	Musikal. Unterhaltung „S' is Feierabend"	Kurhaus
20.	Kurtanzabend	Kurhaus
24.	Lektion	Waldhotel
25.	Kulturbund, „Mitschurin, der Bahnbrecher im europäischen Obstbau"	Waldhotel
26.	Kabarett, DVD „Die Laterne"	Kurhaus
27.	Kurtanzabend	Kurhaus
28.	Laienkunst	Waldhotel
29.		
30.	Gesellschaft f. Deutsch-Sowj. Freundschaft	Waldhotel
31.	Varieté, DVD, „Sterne am Varieté"	Kurhaus

Grotenhagen, Middelhagen und Kleinhagen entstanden durch die Aufteilung der Siedlung Hagen (nach dem althochdeutschen „hagan“ = Rodungssiedlung), die die Mönche vor 1300 angelegt hatten.
In Grotenhagen wohnte einst der Hofmeister des Zisterzienserklosters Eldena, dem die Aufsicht über die Bewirtschaftung des Mönchgutes oblag. Ihm waren Mönche und Konversen (Laienbrüder) unterstellt, die anfangs schwere Arbeit leisten mussten, häufig Gefahren ausgesetzt waren (z. B. 1459 bei einem Raubüberfall Danziger Schiffer), und deshalb vom Fasten befreit wurden.
1608 bis 1610 legte der herzogliche Amtmann Joachim von Scheele für seinen Freund und Gönner Herzog Philipp Julius II. von Pommern-Wolgast mindestens fünfzehn Bauern und Kossaten des ehemals zum Klosterbesitz gehörenden Dorfes Grotenhagen, nun Philippshagen genannt, und machte aus ihren Höfen zunächst das „Fürstliche Ackerwerk Mönchgut“, aus dem später (nach 1815) ein Domanialgut wurde. Je nach Größe ihrer Höfe erhielten die Bauern und Kossaten Entschädigungen zwischen 100 und 400 Mark und mussten sich auf angewiesenen, „natürlich” weniger ertragreichen Stellen neu niederlassen. Sechs von ihnen gingen nach Kleinhagen, fünf nach Reddevitz, je einer nach Lobbe und Göhren. 1623 klagten die Bauern über die Belastungen durch das Ackerwerk: Sie hätten keinen Tag Ruhe, „dazu hat Amtmann Joachim Schele zur Abkürzung unserer Nahrung uns noch den Acker abgenommen. Auch sind unsre Pferde so geschwächt, daß wir zum eigenen Gebrauch fast keine mehr übrig haben, und können wir mit unserer Anspannung kein Stück Holz mehr fahren. Unsere Dienstboten werden täglich vom Vogt bei Hofe so mit Diensten beschäftigt, daß sie uns davonlaufen und wir fast keine mehr bekommen, die sich in solche unleidliche Dienstbarkeit begeben wollen, ganz zu schweigen davon, daß wir dafür kein bisschen Essen bekommen.” Der sandige Acker und die Fischerei böten nur schlechte Nahrung.
1631 hatte der Schwedenkönig das gesamte Mönchgut für einen Kriegskostenvorschuss von 30.000 Talern an den Rat von Stralsund verpfändet, der seinerseits das Gut Philippshagen verpachtete. Die Pächter arbeiteten mit unterschiedlichem Erfolg; betrug die Pacht 1642 noch 3.800 Gulden, zahlte Pächter Joachim von Bruhn wegen der ständig schlechter werdenden Äcker vier Jahre lang nur 1.800 Gulden.

Die schwedischen Landvermesser, die Philippshagen „im Monat Juni Anno 1695“ vermaßen, schrieben u. a.: „In der erndte die volle pauer alle tage mit 2 persohnen und beim einführen mit 3 persohnen und darzu pferde und wagen. Die halbe pauer alle tage mit einer persohn, beim einführen aber machen 2 einen wagen auss und darzu 2 persohnen. Die käter über alle tage mit einer persohn. In der sommer saath pflügen die pauer 4 tage der wochen, und wen sie dass ihrige ein, alle tage. Die halbpauer 2 zusammen, und ist dem pauren gleich. Die übrige zeit dienen sie wochentlich 3 tage zu verführung kornes über eys und landt, und allerley wass bey dem hoffe zu verrichten. Wenn korn zu wasser weggebracht wird, gibet der hoff die ½ be fracht, die andere helffte die unterthanen a last 1 rthl. Bekommen bey alle dergleichen arbeith keine speisung alss bey dem grass und korn megen alle dage 9 [?] bier, welches etwa 13 oder 14 tonnen aussmachen. Wen es die noth erforderth, so dienen die 13 einlieger auch wochentlich 1 tag“.

Das zum Gut Philippshagen gehörige Herrenhaus, ein Backsteinbau auf einem Feldsteinsockel, wurde 1850 erbaut und in der Folgezeit mehrfach verändert, hatte aber einen Vorgänger in Form eines Lehmfachwerkhauses. Carl Schneider beschrieb das Haus 1823 in seinem *Reisegesellschafter*: Das Wohnhaus sei im Gegensatz zu den auf dem Hof stehenden Scheunen mit dicken Mauern aus Feldsteinen und gebrannten Steinen „nur im Fachwerk gemauert“, wobei „die sogenannten Klehmstaken in diesem Wohnhause vom Fußboden bis zur Decke, also auf eine Höhe von fünf bis sechs Ellen aus Wachholderstämmen bestehen“.

Das Gut war einst mit einem barocken Park mit Teichen umgeben, von denen noch heute Überreste vorhanden sind. Der Teich wurde von den Mönchen und ihren Nachfahren als Fischteich genutzt. Die alten Wirtschaftsgebäude in Fachwerkbauweise (u. a. Wagenschauer, Pferde-, Kuh-, Schaf- und Hammelstall und Roggen- und Gerstenscheune, Back-, Brau- und Käsehaus) existieren dagegen nicht mehr.

Auch das einstige Mönchguter Gefängnis, das 1673 als „ein rundgemauertes Gefängnis... fertig von Steinen aus der Erde aufgemauert” geschildert wurde, „und hat ein rundes Loch von Brettern, wovon die Hälfte offen steht”, befand sich auf dem Gelände. 1707 soll davon nur noch das bloße Mauerwerk vorhanden sein, 1726 soll der Pächter geklagt haben, das Gefängnis sei nun gänzlich verfallen und er habe nunmehr keine Zwangsmittel mehr, da Ermahnungen nichts helfen würden.

Von den älteren Reiseführern wird unter „Philippshagen" meist die Gegend um den gleichnamigen Kleinbahn-Haltepunkt beschrieben. So heißt es 1910/11 im Reiseführer von *Grieben*: „Philippshagen (beliebtes Ziel eines Spazierganges von Sellin und Baabe aus: Rest. Tannenheim von Koch, unmittelbar an der Bahn im Walde)."
Die Ladestation Philippshagen wurde 1898 erbaut; als Bauausführende werden die Handwerker Kleinschmidt aus Sellin und Farin aus Lobbe genannt, die Bauzeichnung für das Empfangsgebäude hatte Kreisbaumeister Ohnesorge unterzeichnet. Die Bauern brachten ihr Vieh und ihre Erträge per Pferdewagen hierher. Das „Tannenheim" genannte Veranda-Restaurant existierte seit 1902, die erste Konzession hatten Luise und Herrmann Koch erhalten. Bereits 1904 wurde das „Tannenheim" durch einen massiven Anbau und eine in Holzbauweise ausgeführte Veranda erweitert. Das unmittelbar neben dem Restaurant befindliche Häuschen für „Fahrkarten" und „Gepäckausgabe" wurde erst in der zweiten Hälfte der 1920er Jahre angebaut. „Vorläufer" war wohl ein Blechschuppen, in dem sich eine Viehwaage befand, später aber auch das Gepäck der Badegäste zwischengelagert wurde. Es war inzwischen einfach zu eng geworden, so dass Gepäckabfertigung und Fahrkartenausgabe aus dem Restaurant ausgegliedert werden mussten.

Der Kleinbahnhof von Philippshagen, möglicherweise sind Herrmann und Luise Koch auf der Karte zu sehen.

Das Restaurant war bald so beliebt, dass der Bahnhof kaum noch „Philippshagen“, sondern „Tannenheim“ genannt wurde. Das soll nach einer häufig erzählten Episode zur Folge gehabt haben, dass der von Familie Klickow erwartete Besuch aus Schleswig-Holstein nicht auf Rügen, sondern auf dem Bahnhof „Tannenheim“ bei Barth ankam.
Hier ging es offenbar recht familiär und gemütlich zu. Die Reisenden, die auf den Frühzug nach Putbus warteten, nahmen auf der eigentlich privaten Veranda des Restaurants Platz. Die Wirtin, Louise Koch, gesellte sich zu ihnen, fragte meist, „na will´n ji ok all´n bettn verreisen?“ (wollen sie auch verreisen?), und führte bis zur Ankunft ein kleines Schwätzchen mit ihnen. Hinter dem Restaurant waren am Wald Tische aufgestellt, für die Kinder gab es ein kleines Karussell.
Südwestlich des Haltepunktes Philippshagen der Kleinbahn befindet sich im Forst Mönchgut eines der bedeutenden Hünengräber, das erst 1920 von Fritz Worm entdeckte so genannte „Herzogsgrab”. Östlich davon führt die Landstraße von Baabe bzw. Göhren nach Middelhagen durch einen früheren Hohlweg, den man im Volksmund anfangs „Dummenstieg“ nannte, weil er für Pferdefuhrwerke eine echte Herausforderung darstellte.

Für Hagen errichteten die Mönche zunächst 1302 eine Kapelle in Grotenhagen, die jedoch um 1430 durch die Kirche in Middelhagen ersetzt wurde. Der Ort wurde damit zum „Hauptorte des Kirchspiels Mönchgut“ erläuterte der Reiseführer von *Grieben*. Ob es zuvor schon eine Kirche in Middelhagen gegeben hat, ist nicht geklärt.
Das Fundament der heutigen, der heiligen Katharina von Alexandrien gewidmeten Kirche, besteht aus Findlingen, der übrige Bau ist aus Backsteinen gemauert. Als Baudatum wird um 1450 angenommen. Die Kirche wurde entsprechend den Regeln der Zisterzienser zunächst turmlos gebaut, der hölzerne Glockenturm wurde folglich erst später, nämlich um 1610 aufgesetzt und um 1735 erneuert. Damit der Turm überhaupt erreicht werden konnte, fügte man im 17. Jahrhundert an der südlichen Ecke der Kirche einen Treppenturm an, der zugleich den Zugang zu einer zur gleichen Zeit eingefügten Patronatsloge sicherte. Der Reiseführer von *Grieben* beschrieb den Treppenturm 1935 als „einen älteren, runden Wehrturm“.

Zur Stabilität der Kirche mussten schon im 17. Jahrhundert Stützpfeiler nach allen Himmelsrichtungen angebaut werden. Am Südportal ist am

Die Kirche von Middelhagen auf einer undatierten Karte.
Adolph von Menzel, der die Kirche 1851 skizzierte, soll sich ansonsten mehr für die petroleumgespeiste Leuchte des Schinkelturmes interessiert haben. Auf seiner Skizze ist noch das Fachwerk des Glockenturms zu sehen, dass sich heute hinter einer Verbretterung verbirgt.

oberen linken Ende der Tür ein mit 1770 datierter Stein erkennbar, der möglicherweise auf Bauarbeiten zu dieser Zeit hindeutet. Unmittelbar links davon steht die Grabstele für Axel Adam von Blessing, „gebohren den 3ten Ianuar 1749 / gestorben den 24 Decemb. 1810".
Ein besonders sehenswertes Inventarstück stellt der vermutlich um 1480 geschaffene spätgotische Katharinen-Flügelaltar dar, der möglicherweise ursprünglich aus Stralsund stammte und erst nach dem Dreißigjährigen Krieg in Middelhagen aufgestellt wurde. Die Altarbrüstung stiftete 1749 der damalige Pächter des Ackerwerks Mönchgut, Christian Howe. Im Mittelpunkt des wohl ältesten Schnitzaltars der Insel steht neben den Aposteln und dem Bischof die heilige Katharina, die neben den Insignien ihrer königlichen Herkunft in einer Hand ein Schwert, in der anderen ein Rad hält – beides Hinweise auf ihre Hinrichtung: Man hatte zur Zeit von Kaiser Maxentius zunächst vergeblich versucht, sie zu rädern, als das nicht gelang, wurde sie 307 enthauptet. Sind die reich geschnitzten Flügel des Altars geschlossen, werden gemalte Szenen aus dem Leben der Heiligen sichtbar. Die so genannte Sonntagsseite des Altars, die nur zu hohen Feiertagen geöffnet wurde, zeigt acht Tafelgemälde mit Szenen aus dem Leben der Heiligen und ist heute in der Regel nicht zu sehen, da die Flügel möglichst nicht bewegt werden sollen. Karl Nernst

schrieb nach seinem Besuch im Jahre 1797 respektlos, der Altar sei „noch eine staubige Reliqie des Katholizismus“.
Bei späteren Restaurierungen der Kirche mit den folgenden Putzarbeiten wurde auf dem Gestühl der Vermerk eines Malermeisters und seiner Gehilfen entdeckt, die die Kirche 1929 renoviert hatten: „Kirche neu renoviert im August 1929 von W. Hagemann, Malermeister Baabe a./Rüg. E. Stellmacher, Malergehilfe Demmin i./Pom. (unleserlich) Malerlehrling Göhren a./Rüg.” Ein ähnlicher Hinweis auf der Rückseite des Altaraufsatzes verweist auf Renovierungsarbeiten im Jahre 1913.
Älter als die Kirche ist der obere Teil des Taufsteines, der aus einer heute nicht mehr existierenden Kirche oder Kapelle in Reddevitz stammen könnte.
Die 1862 von der Stettiner Firma Barnim Grüneberg in den Westteil der Kirche eingebaute Orgel mit ihren 393 Pfeifen befindet sich an der Stelle der heute nicht mehr erhaltenen Patronatsempore.
Das im Inneren hängende Schiffsmodell der Brigg „Perth“ (in Anlehnung an das Nordperd bei Göhren) wurde der Kirche 1842 durch acht Lotsen der Gemeinde geschenkt, deren Namen überliefert und mit ihren Anfangsbuchstaben am Modell vermerkt sind.

Gebäudeensemble in Middelhagen auf einer undatierten Karte.

Direkt neben Kirche und Friedhof befinden sich im 1825 erbauten ehemaligen Küster- und Dorfschulhaus das sehenswerte Schulmuseum, weiterhin ein um 1800 errichtetes niederdeutsches Hallenhaus mit vorwiegend landwirtschaftlichen und Gerätschaften der Fischerei.
Im ehemaligen Schulhaus, wie die anderen rügenschen Dorfschulen scherzhaft „Pantoffel-Gymnasium" genannt, unterrichtete ein Lehrer – nicht immer als solcher ausgebildet – bis 1945 bis zu sechzig Kinder in acht Altersstufen gleichzeitig in einem Raum. In der eigentlich zu großen Küche mit drei Herden und mehreren Kochstellen wurden zur Winterzeit oft die heimischen und die Schüler aus den Nachbardörfern versorgt, aber auch das Fressen für die Schweine und die Wäsche gekocht. Mit dem Bau der Zentralschule Mönchgut (1957) wurde nur noch die erste Klasse „beschult". Nach Auflösung der Schule (1961) wurde das Haus noch vermietet. Die letzte Bewohnerin, Frau Schuldes, starb 1985.
Schneider beschrieb Middelhagen 1823 in seinem *Reisegesellschafter* als „das unter allen Mönchguthschen Dörfern… wohlgebauteste". Sieben Jahre später vermerkte Furchau in *Die Insel Rügen. Zwölf Gedichte*: „Auf jeden Fall muß man sich aber bei längerem Verweilen auf Mönchgut so einrichten, daß man am Abend nach Mittelhagen zurückkehrt, weil an einem anderen Orte so leicht kein Unterkommen zu finden ist." Der Reiseführer von *Müller* lobte 1886: „Middelhagen hat als Hauptort von Mönchgut Post- und Telegraphenamt, und ein schon altes, recht gutes Wirtshaus mit Garten, welches Sonntags nach der Kirchzeit von den Mönchgutern viel besucht wird. Hier bietet sich an solchen Tagen die beste Gelegenheit, die Bewohner in ihren sonntäglichen Nationaltrachten zu sehen." Das „recht gute alte Wirtshaus" war „Tiedemanns Gasthof. 5 Min. von der Landungsbrücke des Dampfers \`Anklam\`. 1 Stunde von Sellin und Thiessow... Garten und Kegelbahn. Angenehmer Aufenthaltsort" (Reiseführer von *Dunker* 1895). Den Gasthof übernahm zunächst Witwe Tiedemann, nach ihr W. Wangemann. Im Dampfschiffs-Fahrplan *An die Ostsee…* von 1910 war Herr Robert Lockenvitz als Besitzer des Gasthofes ausgewiesen. Er charakterisierte sein „Gast- und Logierhaus Middelhagen" zusätzlich als „Milch- und Kaffeewirtschaft". Im Reiseführer von *Grieben* inserierte 1930 als neuer Besitzer Ernst Büeler erstmals mit „Gasthof zur Linde". „Freundliche Zimmer mit guten Betten. Vorzügliche Verpflegung zu soliden Preisen. Freies Baden in der Ostsee. Schönes, ruhiges Landleben" wurden angepriesen.

Das Gast- und Logierhaus von Robert Lockenvitz, der Vorläufer der „Linde"

Ursprünglich befand sich in diesem Bereich ein mittelalterlicher Dorfkrug der Zisterziensermönche. Interessanterweise hat man festgestellt, dass einige der Ziegelsteine der „Linde" (so genannte Klosterformatsteine) zur gleichen Zeit und auf gleiche Weise hergestellt wurden, wie die der Kirche. Beide Bauwerke dürften ursprünglich also etwa gleich alt gewesen sein; das heutige Gebäude wurde freilich Anfang des 19. Jahrhunderts errichtet. In alten Zeiten wurde hier auch Hering eingesalzen, der Wirt war zeitweise außerdem Müller - wozu er die Mühle des Klosters und später des Gutsbesitzers pachtete - oder (nach 1847) als Kaufmann eines Kaufmannsladens für das ganze Dorf fungierte, denn allein vom Bierausschank konnte er in dem doch etwas abgelegenen Dorf nicht leben. Der neben dem Gasthof zu sehende Katen gehörte eins zum Borgwardtschen Besitz. Hier befand sich auch eine Gärtnerei.

Der schon erwähnte Schneider erläuterte 1823 in seinem *Reisegesellschafter* die originelle Form der Landgewinnung durch den damaligen Krüger Piesch. Dessen Garten „ist seit nur etwa 20 Jahren der Inwieke (in Rügen überall Wedde genannt) durch eine ganz einfache Vorrichtung abgewonnen worden. Der Mann umzäunte nämlich ein kleines Stück der Wedde mit einem, mit

Seegras gedichteten, losen Zaun, den jede ankommende Welle hob. Wenn nun bei hohem Wasser und stürmischer Witterung die Wellen gegen diesen Zaun stießen, so hob sich der Zaun, und der Sand, den die Welle fortrollte, schob sich unter dem Zaune durch, die Welle aber brach der Zaun, und sie konnte den Sand nicht wieder fortnehmen. So häufte sich nach und nach der Sand an… bis der jetzige ziemlich große Garten dem Wasser entzogen war."
Mehr Aufmerksamkeit schenken die älteren Reiseführer Middelhagen nicht. Der Reiseführer von *Müller* vermerkte 1886 sogar lakonisch, „der Ort hat sonst (außer dem Gasthof, in dem die Mönchguter in ihren Trachten zu sehen sind – d. A.) nichts Bemerkenswertes".

Noch spärlicher sind die Hinweise auf Kleinhagen. Der Ort wird lediglich einige Zeit als Anlegestelle für kleine Dampfer erwähnt, mit denen die Badegäste für Göhren und Thiessow angelandet wurden, bevor beide Orte über Seebrücken verfügten, oder als Standort eines 1815 errichteten Salzhauses.

Als Beispiel für die spärliche Erwähnung Kleinhagens sei auf den Reiseführer von *Müller* verwiesen, der 1897 u. a. bei den Dampfschiffverbindungen schrieb: „Von Greifswald über Lauterbach (Putbus) nach Kleinhagen (Göhren). Mo., Mi. u. Fr. 6 $^1/_4$ fr. durch Dampfer \`Käthe\` mit Eisenbahnanschluß von Lauterbach nach Saßnitz. Preise bis Lauterbach 1 Mk. 50 Pf., Kleinhagen 2 Mk. (auch zur Rückfahrt am selben Tag gültig). Die alte regelmäßige, tägliche Fahrt durch Dampfer \`Anklam\` nach Lauterbach-Kleinhagen ist seit 1896 eingegangen." Die Fahrt mit dem Dampfer „Käthe" von Lauterbach nach Kleinhagen dauerte ursprünglich etwa eine Stunde. Fuhrwerke konnte man auf dem Dampfer bestellen und gelangte damit von Kleinhagen in einer Dreiviertelstunde nach Göhren, in eineinhalb Stunden nach Thiessow. Mit dem Bau einer „festen Landebrücke" in Kleinhagen habe sich der Weg also verkürzt, der bis 1887 zum Landeplatz Mariendorf führte, „wo die Passagiere auf einem Prahm ausgebootet wurden".

Lobbe

Lobbe wird 1276 erstmals in einem Vertrag mit dem Kloster Eldena als „terminus Lobbe“ als Mönchguter Grenzort erwähnt. Der Name des Ortes ist slawischen Ursprunges und bedeutet wohl wegen seines aktiven Kliffs „Stirn“, andere Quellen deuten ihn als „Fischerort“, „Siedlung der Gesippen des Loba“ oder „Lobek”, auch die Deutung als „Ort, wo Fischereigeräte aufbewahrt werden”, wird für möglich halten.
In den Steuerregistern von 1532 bis 1597 wurden jeweils drei bäuerliche Gehöfte zu etwa je zehn Hektar und weitere vier bis fünf kleinbäuerliche Höfe (Kossäten) mit etwa fünf Hektar erwähnt. Sie hatten nicht nur eine jährliche Pacht von etwa 30 Mark und neun Schilling zu zahlen – immerhin der Wert eines Pferdes oder zweier Milchkühe –, sondern mussten dem Hofmeister des Klosters bzw. später, nach der Säkularisierung des Klosters Eldena, dem Rentmeister des Herzogs von Pommern jährlich sechs Scheffel Hafer liefern.
Aus einem alten Pachthof („Lobber Hoff”) am nördlichen Ortsausgang von Lobbe wurde ein „Bihoff” (Beihof) bzw. ein Vorwerk mit Schafzucht zum Gut Philippshagen geschaffen. Noch 1930 standen hier zwei große rohrgedeckte Scheunen.
In der schwedischen Matrikel von 1695 wurden nur noch ein Vollbauer (Lobber Hoff), vier Kossaten und sechs Einlieger genannt, wobei für den Vollbauern „nicht über 10 Stück Großvieh, samt anderes Vieh“ gezählt wurden, während die Kossaten zwei bis vier Stück Vieh besaßen. Mit einigen der Einlieger gab es Jahrzehnte später Schwierigkeiten wegen unerlaubter Lotsentätigkeit.
1847 konnten 16 Lobber Fischer und Lotsen ihre Büdnerstellen von ½ bis 1 Hektar Größe für durchschnittlich 180 bis 200 Taler als Eigentum erwerben. Bei der Volkszählung im Jahre 1867 wies Lobbe 18 bewohnte Häuser mit 96 Einwohnern auf.
Die historischen Reiseführer erwähnten Lobbe kaum, meist nur als Etappe auf dem Weg von Göhren nach Thiessow oder Groß Zicker. Tatsächlich hatte der kleine Ort kaum etwas spektakuläres, wäre da nicht der schöne Sandstrand, „Grooter Strand“ genannt, der sich über vier Kilometer bis nach Thiessow hinzieht. Sogar der kleinste Rügen-Reiseführer, die Nummer 1128 aus der Reihe *Miniatur-Bibliothek* des Verlages für Kunst und Wissenschaft Albert Otto Paul, Leipzig, schrieb, „Lobbe liegt einsam, ist aber durch

schönen Badestrand bekannt".
Am Lobber Ort trifft man noch heute auf ein Sandkliff, an und in dem sich die Uferschwalben tummeln, am Fuße befinden sich einige schöne Findlinge. Zu ihnen gehört nördlich von Lobber Ort der nach dem Heimatforscher Fritz Worm benannte Stein, der fast 20 Meter vor dem Kliff-Fuß aus dem Wasser ragt. Der Findling mit 12 Meter Umfang brach in der Neujahrsnacht 1913/14 aus dem oberen Kliffrand und stürzte auf den Strand. Dass er heute soweit vom Klifffuß entfernt liegt, zeigt, wie viel sich die Ostsee inzwischen vom Land geholt hat. Um den einst starken Abbruch zu verhindern, wurde in diesem Bereich 1936 für damals 105.000 Mark eine 411 m lange Stahlspundwand in Verbindung mit weiteren Schutzmaßnahmen errichtet, die aber längst völlig zerstört ist.

Ehemalige Strandbefestigung bei Lobbe auf einer im Juni 1961 verschickten Karte.

Wenig bekannt ist, dass sich im Bereich von Lobber Ort ein kleines Kohlenflöz befand, dessen Kohle einer der Lobber Lotsen einige Zeit als Feuerungsmaterial nutzen konnte.
Zwischen Middelhagen und Lobbe trifft man noch heute am ehemaligen Ausfluss des Großen Lobber Sees auf das als technisches Denkmal erhaltene letzte von ehemals rund 33 Windschöpfwerken auf Rügen zwischen 1900 und 1965. Mit ihrer Hilfe wurde über archimedische Röhren Wasser aus

den Sumpfgebieten abgepumpt und stand damit der Landwirtschaft zur Verfügung. 1920 von der Firma Köster aus Heide (Schleswig-Holstein) erbaut, war das Schöpfwerk, ein sogenannter Langsamläufer, bis 1955 in Betrieb.

In den historischen Reiseführern wurde - wenn überhaupt - zunächst nur „Schmidt´s Gasthaus" von Jacob Schmidt erwähnt, allenfalls mit dem Hinweis „gut und billig".
Jahre später wird aus das „Schmidt´s Gasthaus" das „Strandhotel".

„Schmidt´s Gasthaus" auf einer im Juli 1921 abgestempelten Karte

Schrittweise kamen weitere Häuser hinzu, darunter das wohl bekannteste und seit 1888 in Familienbesitz befindliche Gasthaus „Zum Walfisch" mit anfangs sechs Logierzimmern und der Kneipe. Besitzer Carl Kliesow, der zunächst Landwirtschaft und ein Lebensmittelgeschäft betrieb, bot 1904/05 im Reiseführer von *Grieben* „Pension nach Übereinkunft. Schönste Aussicht auf die Ostsee. – Bäder vollständig kostenlos. Kalte und warme Küche zu jeder Tageszeit. Radfahrer-Hilfsstation." Eine Radfahrer-Hilfsstation war damals auf Mönchgut etwas Besonderes; sechs Jahre später stellte man „auf Wunsch herrschaftl. Fuhrwerk an der Landungsbrücke" zur Verfügung.

Blick auf das „Strand-Hotel" mit Restaurant und Cafe, damals im Besitz von J. Schmidt. Neben einem Schaukasten für Aushänge darf auch ein Postkasten neben der Eingangstür nicht fehlen. Die Karte wurde im Juli 1927 verschickt. Im Reiseführer von *Grieben* wurde 1928 auf Zimmer von 1,50 bis zwei Mark, Frühstück für eine Mark bis 1,50, Mittagessen für 1,50 Mark, Pension für fünf bis sechs Mark, Restaurant, Cafe, Garten, Veranda und Touristenlogis verwiesen.

Wenig später, um 1912/13, werden im gleichen Reiseführer für das Gasthaus Zimmerpreise von sechs bis neun Mark je Woche genannt, Pension gibt es ab 3,50 Mark, das Haus wird als „gut" bezeichnet. Über die Herkunft des Namens des noch heute existierenden kleinen Gasthofes berichtet eine Sage, nach der Fischer Kliesow eines Tages einen Wal befreit haben soll, der sich im Netz verfangen hatte. Zwei Tage später rettete der Wal Kliesow aus Seenot und brachte ihn wohlbehalten zurück nach Lobbe. Zu Ehren des „Retters" erhielt der Gasthof seinen Namen.
Der Reiseführer von *Meyer* vermerkt 1931 bei Lobbe lediglich „mit gutem Strand" und nennt die Gasthäuser „Am Meer", am Strand, „Strandhotel", beide mit Restaurant, Café und Garten, und „Zum Walfisch" mit Restaurant.

Im Dünenbereich von Lobbe befand sich viele Jahre ein kleines rohrgedecktes Gebäude, in dem einst Heringe eingesalzt und verkauft wurden. 2014 war das Gebäude nicht mehr zu finden.

Der „Gasthof zum Walfisch" von Karl Kliesow auf einer im Mai 1921 verschickten Karte. „Sitzen hier im `Walfisch` bei Rührei u. Bratkartoffeln und Milch dazu u. denken an Euch."

Das „Hotel am Meer" auf einer im Juli 1918 verschickten Karte.

Werbepostkarte des Kaufhauses R. Wamp. Die undatierte Karte zeigt das Kaufhaus, die Dorfstraße mit dem „Gasthaus zum Walfisch", das Kliff und den nach Fritz Worm benannten Findling am Strand.

In den Jahren 1933 bis 1945 wurde an der linken Seite der Verbindungsstraße nach Gager bzw. Groß Zicker eine „Seefahrtschule der Marine" (im Volksmund „Lobbe-Lager") aufgebaut. In diesem Zusammenhang baute die Stettiner Firma Röber & Rühlicke den ehemaligen Zicker-Damm zur Autostraße aus, außerdem wurden im Hafen von Gager eine Reparaturwerft und eine Slipanlage errichtet. Der Wohnsitz des Kommandeurs befand sich in der Villa „Stella Maris", unmittelbar nördlich vom „Hotel am Meer" direkt an der Ostsee. Man errichtete ein größeres Barackenlager und einige heute noch erhaltene Steinhäuser.

Die oft überschwemmten Salzwiesen zwischen der Zickernitz und Lobbe wurden für einen geplanten Flugplatz planiert, der allerdings nie gebaut wurde. Aus dieser Zeit stammen die zehn von jugoslawischen Kriegsgefangenen errichteten Lehmbauten am Ortsausgang nach Middelhagen, die als Wohnhäuser einiger Offiziere und Unteroffiziere, jedes für zwei Familien, gedacht waren.

Der Seeflieger-Stützpunkt bot anfangs durchaus einige Vorteile für die umliegenden Gewerbetreibenden durch neue „Kundschaft" und die

Bevölkerung durch neue Straßenverbindungen, Mitfahrmöglichkeit im Soldaten-Bus, Teilnahme an Veranstaltungen der Wehrmachtsbetreuung usw. Für die dort stationierten Soldaten war es allenfalls im Sommer durch den nahen Strand angenehm, im Winter war dagegen „tote Hose". „Lobbe auf Rügen – drei Worte genügen" und „Hier habe ich gesessen und habe ich gedacht, wie hat mich der Teufel nach Lobbe gebracht" waren gängige Sprüche des Personals.
Die deutsche militärische Lagerbesatzung räumte am 4. Mai 1945 das Militärlager und floh am 5. Mai früh über Saßnitz mit Schiffen nach Kopenhagen, die zurückgelassenen Räumlichkeiten und Einrichtungsgegenstände wurden durch die Bevölkerung geplündert. Von einrückenden russischen Truppen wurde berichtet, dass sie sehr kinderfreundlich waren und Hungrige zu ihren Mahlzeiten, meist „Kascha", Grütze mit braunem Zucker, einluden. Eine „Kommandantura" stationierte sich im „Walfisch" ein, bald blieb nur noch ein Russe zur Kontrolle der Fischablieferung („Fischrusse") zurück. Aus einigen Gebäuden der Seefahrtschule wurde nach dem Krieg eine Fischverarbeitungsfabrik, das Gelände wurde deshalb auch „Rollmopshausen" genannt.

Ehemalige Bereiche des Marine-Stützpunktes im Kreuzungsbereich von Groß Zicker und Gager. Die abgebildeten Baracken des Offizierskasinos wurden nach dem Krieg zeitweise als Klassenräume für die 10 bis 14jährigen Schüler aus Groß- und Klein Zicker, Gager und Thiessow genutzt.

Mariendorf

Das erst 1821 gegründete Mönchguter Dorf wurde nach Maria von Blessingh, geborene von Krassow benannt. Sie stellte am Nordhang des Schafberges Flächen von etwa je einem Hektar zur Verfügung, in der Hoffnung, durch die Aufteilung bessere Einnahmen aus dem ansonsten wenig gewinnbringenden Gelände zu erzielen. Die Siedler aus dem Mönchgut und Umgebung hatten dadurch eine erste landwirtschaftliche Basis, gingen der Fischerei nach oder betrieben mehr und mehr die verschiedensten Handwerke. Arbeiter, Schiffer, Krämer und Musiker waren ebenfalls unter ihnen. 1836 gab es knapp zehn Kolonistenhäuser, 1844 bewohnten 61 Einwohner in elf Häusern das in Domanialbesitz befindliche und zum Kirchspiel Mönchgut gehörende Dorf. 1847 wurden insgesamt 11 Büdnerstellen eingerichtet. Die Häusler und Fischer konnten ihre Pachtgrundstücke bald als Eigentum erwerben, wobei für die zwischen ¾ und 1½ Hektar großen Grundstücke durchschnittlich 227 Taler zu zahlen waren.

Blick über Mariendorf auf einer im Juli 1937 verschickten Karte.

In der Nähe einer kleinen Landungsbrücke zwischen Schafberg und den Siedlungshäusern ließ die Königlich Preußische Regierung 1815 ein hölzernes Salzhaus errichten, in dem die Fischerfrauen Fisch ausnahmen und salzten und die Böttcher einen Großteil ihrer Fässer absetzten.

1936/37 entstand an gleicher Stelle die ebenfalls hölzerne „Dangschün“ (Tangscheune) einer Hamburger Polsterfabrik. Hier wurden zumeist durch die Fischerfrauen vom Strand geborgenes Seegras und Seetang getrocknet, um später als Füllmaterial für Polstermöbel zu dienen. Das Haus, später ummauert, existiert noch heute. Zeitweilig befand sich hier auch eine primitive Badestelle.

Die Badestelle von Mariendorf auf einer im Juli 1921 verschickten Karte. Links die Tangscheune.

In den älteren Reiseführern wird Mariendorf zunächst vorrangig als Landeplatz für die Bäderdampfer aus Greifswald und Stralsund über Lauterbach erwähnt. Spätestens Anfang des 20. Jahrhunderts wird es jedoch zusammen mit anderen Orten bereits als eine der „altbekannte(n) Sommerfrischen, die jedoch nur einige Familien aufnehmen können“, bezeichnet. „In diesen Orten“, heißt es einige Jahre später z. B. im Reiseführer von *Schuster*, „können wirklich Erholungssuchende sich dem ruhigen Landleben hingeben und überaus billig leben. Kurmusik und Reunions sind hier unbekannte Dinge.“

Unterhalb des Schafberges befand sich das ehemalige „Gasthaus Schölermann”. Ursprünglich nur eine kleine Büdnerei mit Bäckerei und Kaufmannsladen, wurde das Gebäude 1847 ausgebaut. Zum

Gasthof gehörten eine bäuerliche Wirtschaft mit separatem Stall- und Scheunengebäude, der Kaufmannsladen mit Gemischtwaren, zu dem der linke Aufgang führte, Außenveranden und ein großer Tanzsaal. Etwa 1890 erwarb der Steuermann auf großer Fahrt Wilhelm Nausch den Gasthof. Das nötige Geld hatten ihm seine Ersparnisse von den Salpeterfahrten nach Chile gebracht. 1910/11 bezeichnete der Reiseführer von *Grieben* den Gasthof als „sehr einfach, Pens. 3½ M, Baden in der Hagenschen Wiek frei".

Das Gasthaus von W. Nausch auf einer kolorierte Karte, die im Juli 1905 verschickt wurde. Die auf Gasthof und Besitzer hinweisende Schrift am Haus ist heute nur noch zu erahnen.

Nausch schien recht geschäftstüchtig gewesen zu sein: Ab 1893 betrieb er von einem Schuppen am 1883 errichteten Bollwerk von Kleinhagen einen erfolgreichen Kohlehandel mit einigen Badeorten. Ob er dafür noch Arbeitskräfte suchte, ist nicht bekannt. Jedenfalls fand sich im *Rügenschen Kreis- und Anzeigeblatt* Nr. 178 von 1897 eine Annonce, in der von ihm ein „nüchterner, ordentlicher Knecht" gesucht wurde.

Erstmals ab 1899 nahm Nausch eine Kinderkolonie des Berliner „Vereins für Häusliche Gesundheitspflege" in seinem Gasthof auf. Die Schülergruppen blieben etwa ein Vierteljahr, wurden hier von ihren Lehrern unterrichtet und verdienten etwas für die Unterkunft dazu. Sicher war das Engagement von Nausch nicht ganz uneigennützig, denn Schirmherrin des Vereins war die Kaiserin.

Das Bollwerk von Mariendorf auf einer undatierten Karte.

1906 übernahm Wilhelm Nausch eine Büdnerstelle mit Bockwindmühle, riss die mindestens seit 1873 existierende alte Mühle ab und errichtete eine Holländermühle, die noch 1940 als Lohnmühle in Betrieb war. Das zu den von 1908 bis 1914 in Alt Reddevitz an der „Strandburg“ stattfindenden Mönchguter Trachtenfesten gehörende „Festessen für die Mönchguter“ fand wohl auch bei Nausch statt – zumindest ist dies für 1913 auf einem Plakat vermerkt. Ab Ende der 1920er Jahre diente die 1924 entstandene Scheune des Gasthofes als Jugendherberge und als Basislager der Segelfliegerei auf dem Fliegerberg. Auch der Mönchguter Schützenverein suchte und fand sein Vereinslokal im Gasthof Nausch.

Thiessow

Thiessow, die südlichste Gemeinde von Mönchgut, wurde schon 1298 urkundlich als „Tisu“, später als „Tisowe“, „Tisowa“ oder „Tyzow“ („Eibenort“) erwähnt. Da die Nadeln der Eibe für das Vieh, insbesondere für Pferde, giftig gewesen seien, habe man den Baum auf der Halbinsel Mönchgut ausgerottet, erläuterte Lehrer Georg Paries in seinem 1926 erschienen *Thiessower Heimatbuch.*

Familie von Bonow verkaufte 1360 die Siedlung an das Kloster Eldena, nach der Reformation ging sie in Domanialbesitz über. 1532 zählte man bei einer durch Herzog Philipp von Pommern-Wolgast in Auftrag gegebenen Bestandsaufnahme vier Katen, die 13 Mark Pacht an das Kloster zu zahlen hatten. 1597 waren es nur noch drei Gehöfte, die 1627 in Folge des Dreißigjährigen Krieges wüst gingen, die Einwohner verstarben entweder oder zogen in andere Dörfer.

Erst von 1632 bis 1639 bauten die Kossaten Claus Ise(r)barth, Claus Boddeker und Marten Vahle ihre Häuser – nicht direkt an der Straße, sondern höher zum Berghang hinauf, am Wege „babenlang“. Über die im Mai 1695 während der schwedischen Landesaufnahme vermessenen Orte Thiessow und Klein Zicker hieß es über deren Äcker, es gäbe hier keinen Acker vom besten Schlag.

Die Karte wurde Ende Juli 1897 wohl von einem Kartensammler aus Bergen an einen anderen in Bad Kreuznach verschickt.

Blick über Thiessow in Richtung Klein Zicker auf einer colorierten Karte, die im Juli 1925 verschickt wurde. „Wir sind heute mit einem Segelboot nach Thiessow gefahren. Das Wasser spritzte öfters mal ins Boot. Eine Fahrt von 3 Stunden hin und zurück."

Bei „Lütcke Zicker" fände man einen großen Teil besseren Acker als in „Tisow". In trockenen Jahren und bei starkem Wind würden die Thiessower gerade ihre Aussaat wiederbekommen. „Denn der Sand verbrennt nicht nur die Saat, sondern es wird auch alles von den hohen Sanddünen überweht, die am Strand liegen". Ähnlich negativ wurden Wiesen und Heuschläge beschrieben. Trotz des Sandes war offenbar genügend Grasfläche für die Viehhaltung vorhanden. So wurden für Thiessow „bei jedem Einwohner an Großvieh 12 Stück, mit Ochsen und Kühen sowie bei jedem 4 Zugochsen" genannt. „Die Schafherde soll 30 Stück haben, Schweine soll es bei jedem nicht mehr als 4 geben, so viel soll man im Winter ausfüttern können." Neben der Landwirtschaft konzentrierten sich die Bewohner zunehmend auf den Fischfang, der auf Grund der günstigen Lage zwischen Zickersee, Rügischem Bodden und offener See jahrhundertelang erfolgreich betrieben wurde. Die erste Heringsreuse auf Mönchgut sollen folgerichtig auch die Fischer von Thiessow aufgestellt haben.

Thiessower Fischer auf einer undatierten Karte.

„Da diese Gegend vortrefflich zur Fischerei gelegen ist, denn die große See umringt zumeist die beiden Orte mit fischreichen Wiken und Einbuchtungen, so verlegen sich diese Einwohner sehr darauf, vor allem, weil der Ackerbau gering ist und sie davon nicht genug Einkommen haben. Sie üben ihre Fischerei rund um das ganze Land hier aus, so weit sich Münkenguth hinstreckt. Wenn sie wollen, können sie auch frei und ohne Einspruch zum Lachsfang in die große See fahren“, stellten die schwedischen Landvermesser fest und resümierten:

„Tietzo
ein pauerdorff dienet nach dem hoffe
die zimmer sind guth
acker ist sehr schlecht
3 käters wohnen hier, geben pacht
Gute weyde
etwass wischen
kein holtz
gute fischerey."

Kaum Erwähnung findet die Schifffahrt als Betätigungsfeld, obwohl seit 1595 überliefert ist, dass einige Thiessower und Bewohner von Klein Zicker als Matrosen auf „Kleine Fahrt“ gingen; nur wenige von ihnen konnten in den späteren Jahren auch Schiffer mit eigenem Fahrzeug werden.
Erst etwa 100 Jahre nach dem ersten Wiederaufbau von Thiessow nach dem Dreißigjährigen Krieg kamen neue Anbauer in das Dorf, die hier ihre Katen bezogen und sich das Land um ihre Häuser urbar machen mussten. Außerdem verdienten sie als Fischer und Lotsen den Unterhalt für ihre Familien: 1720 sind es zunächst Thies Lokenvitz und Marten Brandt, die sich in Thiessow ansiedeln, später (1737) kommt Clas Locks dazu.
1806 zählte die Statistik neben drei Kossaten, die in Lobbe, auf einem Vorwerk des Domanialgutes Philippshagen, Frondienste leisten mussten, acht Einwohner, darunter sechs Lotsen. 1847 konnten 10 Büdner bzw. Lotsen ihr Land von etwa ¾ Hektar für jeweils 150 Taler kaufen, die ehemalige Kossatenstelle von Kasten Looks wurde Bauernstelle. Allerdings musste Bauer Looks einen Teil seiner gepachteten Fläche 1855 für das Schulhaus und nach 1859 für die Ansiedlung acht neuer Lotsen aus der Pacht geben. Erst 1872 konnte er seine Bauernstelle kaufen.
Was wäre aus Thiessow geworden, wenn die ab 1806 in Angriff genommenen Pläne für das schwedische Hafen- und Hafenstadtprojekt „Gustavia“ im und um den Zickersee verwirklicht worden wäre? Immerhin sollten auch Teile von Thiessow in die geplante Hafenstadt einbezogen werden.
Bald nahmen die ersten Reisebeschreibungen und Reiseführer Notiz von dem kleinen Ort:
„Um das Dörfchen lagern sich Bergmassen, welche mit einzelnen Bäumen und kurzem Gesträuch verziert, ein wildes Phantasiegemälde zeigen und immer höher bis zum Meer anschwellen, wo das Ufer in Gestalt eines Halbkreises sich hinabsenkt und sehr abschüssig ist... Man erblickt fast nichts als Berge, Buchengestrüpp, Weide, das Meer und in der Ferne die Greifswaldische Öhe mit ihren hohen Gestaden“ – schrieb Johann Jacob Grümbke 1803.
Vielleicht könnte man sie als die ersten Bade- oder Kurgäste bezeichnen, jene Herren der verschiedensten Ämter, die Dienstreisen und Inspektionen zum Lotsenstandort unternahmen und bald, etwa ab den 1850er Jahren, auch mit ihren Familien den Sommeraufenthalt in Thiessow genossen. Bereits 1875 soll Thiessow 41 Besucher gehabt haben. Dennoch: Als Walter Paeschke mit seinen Eltern 1884 mit dem Raddampfer „Anklam“ von Greifswald nach

Thiessow fuhr, tadelte sie Kapitän Buchholz: „Na, da sind Sie die Einzigen, die in das olle Nest wollen, gehen Sie doch nach Göhren, wie die Übrigen!“. Als Buchholz gar noch hörte, dass sich die Familie kein Boot bei der Reederei bestellt hatte, sagte er: „Ich wenigstens vertraue meine ollen Knochen der Wagenfahrt nach Thiessow nicht an“. Buchholz schien ansonsten gar nicht so brummig zu sein, denn der Reiseführer von *Müller* lobte 1886, dass der „liebenswürdige Captain Buchholz“ bei den Extrafahrten des Dampfers nach Stubbenkammer auf die Göhrener Badegäste „alle Rücksicht“ nähme. Der Aufenthalt soll den Paeschkes aber schließlich doch gefallen haben, obwohl die „Selbstbeköstigung“ offenbar etwas schwierig war, denn es gab weder Bäcker noch Fleischer im Ort „und die beiden Läden im Hotel Mönchgut und dem kleinen Gasthause von Westphal, in dem nur die Eingeborenen ihren ´Lütten` tranken, führten gewöhnlich auch nicht alle Delikatessen der Saison“. Erst um 1930 richtete Kaufmann Wilhelm Zacharias im „Haus Gerda“ bei Witwe Anna Bantow ein Geschäft ein, das man wohl als „Tante-Emma-Laden“ bezeichnen könnte. In dem um 1931 herausgegebenen Prospekt *Ostseebad Thiessow auf Rügen Deutschlands schönster Insel* hieß es optimistisch: „Lebensmittel sind gut und reichlich in den Geschäften zu erhalten“. In der Annonce des „Kaufhaus Wilhelm Zacharias“ wurden einige der angebotenen Waren aufgezählt: „Kolonialwaren, Delikatessen, Konfitüren, Südfrüchte. Spezialität: ff. Aufschnitt. Spirituosen, Tabakwaren, Drogen, kosmetische Wirtschafts- und Badeartikel, Ansichtspostkarten, neueste Aufnahmen in großer Auswahl“. Da sich im Haus eine Niederlage der Mönchgut-Apotheke befand, nahm Zacharias auf Wunsch auch Rezepte entgegen und lieferte Medikamente aus.

Außer den Problemen mit der „Selbstbeköstigung“ mussten die wenigen Besucher anfangs auch andere Schwierigkeiten in Kauf nehmen: In jener Zeit gab es zum Beispiel keinen Friseur im Ort. Wer sich nicht selbst rasieren wollte, musste sich einem alten im Ruhestand lebenden Lotsen anvertrauen. Unterkunft hatte Familie Paeschke beim alten Gemeindevorsteher Heidemann, dessen Frau und dem einzigen Sohn gefunden, mit denen man sich nach anfänglichen Verständigungsschwierigkeiten bald im schönsten „Messingsch“, einer Mischung aus Hoch- und Plattdeutsch, unterhielt.

Ein leider undatierter Blick auf das ehemalige „Kaufhaus Wilhelm Zacharias" im „Haus Gerda" mit Niederlage der Mönchgut-Apotheke (Apotheker Otto Rheder in Göhren) im Besitz von Lotsen-Witwe Bantow. Sie bot in ihrem Haus um 1930 vier „freundl., gut eingerichtete Zimmer" mit „vorzügl. Betten" an. Man beachte neben der umfangreichen Angebotsliste des Kaufhauses auch das Fahrzeug rechts und die sicherlich gewöhnungsbedürftigen Straßenverhältnisse.

In den Fremdenlisten Rügens wurde Thiessow erstmals 1887 als Badeort ausgewiesen und konnte ein Jahr später schon auf 156 Badegäste verweisen. Folgerichtig vermerkte der Reiseführer von *Dunker* 1888 „Thiessow, mit Post, Telegraphen- und Lootsen-Station, hat vermöge seiner sehr vortheilhaften Lage fast zu jeder Zeit einen kräftigen Wellenschlag, da sowohl am östlichen, wie auch am westlichen Ufer gebadet werden kann, und einen steinfreien sandigen Strand. Bad 20 Pf., für Kinder 10 Pf. Warme Bäder im Hotel.“ Das „Hotel“ war das „Hotel Mönchgut“, dessen Besitzer, der frühere Postagent Carl Koos, sein „sehr geräumiges neu erbautes und mit allem Comfort ausgestattetes“ Haus, die „gute kräftige Verpflegung und vorzügliche Betten ganz ergebenst“ empfahl. „Neu erbaut“ bedeutete in diesem Fall 1874. Der Reiseführer von *Müller* lobt das Haus 1886 für seine „saubere Einrichtung und mäßige Preise (Pension incl. Wohnung 4 Mark)“. Der Preis für das Warmbad im Hotel wurde in einem anderen Reiseführer mit 1,25 Mark angegeben. Der Reiseführer von *Bamberg* verwies 1890 zusätzlich auf „Westphals Gasthof", 1877 errichtet, später „Westphals Hotel", und

Privatwohnungen für sechs bis 14 Mark wöchentlich. Zugleich lobte er die beiden den Verhältnissen entsprechend vergrößerten Gasthöfe, die freundlichen Fischerwohnungen und die neuerbauten kleinen Logierhäuser, die einen angenehmen Aufenthalt gewähren würden. Im Erdgeschoss von „Westphals Hotel" wurden „Kolonial- & Materialwaren, Delicatessen, Glas* Porzelanwaren“ angeboten. Ausgangspunkt war die „Einheirat“ des Krämers und Gastwirts Ludwig Westphal, der einen ehemaligen Büdnerhof zum Hotel umgestaltete.
Für die Bäder „am Ost- und Westende" waren um 1900 jeweils 25 Pfennige zu zahlen, die Badeanstalten wurden als „neu errichtet" bezeichnet. Da Thiessow an drei Seiten vom Meer umgeben sei, „eignet es sich zum Sommeraufenthalt für alle, welche durch Seeluft Erfrischung und Heilung suchen“, vermerkte der Reiseführer von *Grieben* um 1905. Band 1 (Rügen) aus der Reihe *Agricolas Wanderbücher* stellte etwa zur gleichen Zeit fest: „Der Ort macht mit seinen vielfach in holländischer Art erbauten Häuschen und seinen Fischern und Lotsen in der alten Mönchguter-Tracht einen freundlichen, eigenartigen Eindruck, der nur durch das teilweise etwas unfreundliche Benehmen dieses Völkchens etwas getrübt wird.“

Die im Juli 1904 abgeschickte Karte zeigt im unteren Teil noch zahlreiche rohrgedeckte Häuser, die heute in Thiessow nicht mehr zu finden sind, oben links vermutlich die „Villa Strandidyll" von Fr. Looks. „Bitte bringe mir meine Visitenkarten mit." Am rechten Kartenrand heißt es: „Bitte bringe 2 Paar Pappsohlen für Monika (?) und Lottchen mit."

Bereits frühzeitig und vorausschauend wurden Maßnahmen zum Küstenschutz ergriffen. Am Weststrand war 1901 der Küstenschutzwald angelegt und 1905 durch Buhnen und Flechtzäune sowie ab 1922 durch fünf Naturstein-Wellenbrecher verstärkt worden. Zwischen 1905 und 1912 wurde ein 350 Meter langer Steindamm errichtet, der bereits einen wesentlich bescheideneren, um 1880 errichteten Vorläufer hatte und 1986/87 durch große, mit Interflug-Hubschraubern eingepasste Granitsteine verstärkt wurde. Die Dammkrone der heutigen modernen Uferbefestigungen am Westufer stellt einen beliebten Weg für Spaziergänger und Radfahrer dar. Ihr Ende am Ortsausgang nach Klein Zicker mündet in den 1887 errichteten, in den 1990er Jahren erhöhten Deich. Bei einer Sturmflut im Jahre 1904 brach der Deich auf 25 Metern Länge, wodurch die tiefer gelegenen Teile von Thiessow innerhalb kürzester Zeit fast einen Meter hoch überflutet wurden. Am Übergang vom Süd- zum Oststrand wurde in den 1910er Jahren eine Mole errichtet, „bedeutend niedriger, als die früher am Südufer errichtete“, schrieb ein zeitgenössischer Reiseführer. Sie sei notwendig geworden, weil insbesondere Nordost-Sturmfluten zur Landeinbuße am Endhaken und zur Gefährdung der dahinter gelegenen Dünenbefestigung geführt hatten. Für den Südstrand war bereits früh eine Kombination aus Deckwerk mit Steinbuhnen und Steinwall errichtet worden, die 1999 verstärkt, erhöht und verlängert wurde. Fast zeitgleich wurde ein neuer Deichabschnitt durch den Küstenwald errichtet.

Um 1912 verwiesen die Reiseführer auf das „Kurhaus Strand-Hotel” von C. Koos („empfehlenswert, gute Familienpension”), das „Hotel Mönchgut” von Fr. Schneider, „Westphals Hotel” von H. Jahn mit Touristenlogis und Pension nach Vereinbarung, das „Ostsee-Hotel” von Fr. Schories, auf „Konditorei und Cafe Gottschalk” in der „Villa Erika (auch Logierhaus)” und das „Restaurant zum Warmbad”. Die Verpflegung sei in allen Häusern „überall gut zu gleichen Preisen”, die Zimmerpreise lagen von ein bis zwei Mark, Pension gab es ab vier Mark, Privatzimmer ab zehn Mark, Familienwohnungen ab 15 Mark die Woche.

Thiessow auf einer 1903 geschriebenen Karte. Links oben ist das „Hotel Mönchgut" zu erkennen, rechts oben das „Strandhotel" mit den Häusern in der heutigen Strandstraße (um 1930 vom „Strandhotel" beginnend nach rechts: „Villa Emma" der Witwe des Lotsen Eduard Pisch, Haus von H. Holz, „Villa Waldesruh" vom Lotsen in Ruhestand Carl Wittmiß und Haus von W. Niemann, in dem später eine Lotsenunterkunft untergebracht wurde).

Die undatierte Karte zeigt links das „Kurhaus und Strandhotel", dahinter den Zickersee. Am Oststrand befanden sich vorn rechts die Damenbadeanstalt, dahinter das Herrenbad und links davon die Rettungsstation. Das Foto dürfte vom Lotsenturm aufgenommen worden sein. Elizabeth von Arnim beschrieb das Hotel in ihrem Tagebuch als „sehr sauber und hübsch, ordentliche einfache Zimmer, passable Küche".

Blick auf das „Ostseehotel" (rechts davon, verdeckt, das „Strandhotel"). „Z. Zt. Unsere Sommerresidenz", haben die Absender der 1920 abgestempelten Karte an den „Kassenrevisor i. R." vermerkt.

Blick zum „Strandhotel" auf einer unbeschriebenen, 1906 gedruckten Karte.

Blick zum Warmbad auf einer Karte mit handschriftlichem Vermerk „20.8. - 14.9.21"

Leider undatierter Blick auf das Warmbad, den Strand mit Körben und „Schilderhäuschen", einigen Booten für Ruderpartien oder zum Aus- und Anbooten.

Der Reiseführer von *Grieben* nannte 1938 für das „Kurhaus-Strandhotel" 50 Betten von zwei bis 2,50 Mark, Pension für vier bis fünf Mark, Autohalle und ganzjährige Öffnungszeit. Das Haus werde in Zuschriften gelobt. Das „Hotel Mönchgut" wurde mit 27 Betten und Pension für vier bis sechs Mark und Autohalle erwähnt. Auch dieses Hotel werde gelobt. „Westphals Hotel" verzeichnete 36 Betten von 1,50 bis zwei Mark, Pension von vier bis fünf Mark, Autohalle und ganzjähriger Öffnung. Das „Ostsee-Hotel" wird mit 32 Zimmer und der Öffnungszeit vom 1. April bis zum 1. Oktober genannt. Bereits 1928 hatte Besitzer Fr. Schories sein Haus mit „eigene Quellenwasserleitung und Klosettspühlung, eigene Konditorei" beworben.
Anfangs dienten an beiden Stränden jeweils nur drei bis vier pechschwarze Bretterhütten als Badekabinen. Bald errichtete man jedoch den Zeichen der Zeit folgend an beiden Stränden jeweils getrennte Damen- und Herren-Badeanstalten, von denen die am Weststrand allerdings keinen langen Bestand hatten, weil die starke Strömung den Strandsand immer wieder wegspülte. Stattdessen wurde näher am Endhaken ein Familienbad errichtet, das allerdings bereits 1911 wieder abgerissen wurde. Während der Reiseführer von *Grieben* 1914/15 noch den Vermerk enthielt „Bäder: Am Oststrande (Herren- u. Damenbad), am Weststrande Familienbad", konnten 1920/21 zwangsläufig nur noch die Bäder am Oststrand genannt werden.

Blick auf den Strand mit einigen der Bootsanlegestellen auf einer 1905 gedruckten, im Juli 1907 verschickten Karte mit herzlichen Grüßen der Familie B. aus dem „Hotel Mönchgut".

Der Zustand des Damenbades auf einer im Juli 1912 verschickten Karte

In den Badeanstalten zahlte man nun 25 Pfennige. Dagegen waren für ein Warmbad (am Oststrand an der Seebrücke) stolze 1,25 Mark (Kinder 75 Pfennige), das Dutzend 12 Mark zu zahlen. Das Warmbad war 1902 errichtet worden, für das Badewasser war extra eine 70 m lange Saugrohrleitung verlegt worden. Die ersten Pächter des anfangs beliebten Warmbades mit Lesesaal und Veranda waren Bierverleger August Parchow, der Inhaber von Restaurant und Pension „Fernsicht", Franz Gottschalk, und (um 1930) Karl Kortmann.

Der Reiseführer von *Meyer* nannte 1931 unter „Kurmittel" neben dem Warmbad „kalte Seebäder in dem am Oststrande gelegenen Damen- und Herrenbad, meistens jedoch aus Strandkörben am Oststrand oder für solche Badegäste, die am West- oder Südstrande wohnen, am Weststrand; Badestunden für Freibaden unbeschränkt, in den Badeanstalten 9 bis 1 Uhr".

Die Vergnügungsmöglichkeiten neben dem Seebad hielten sich in Grenzen, was von vielen Badegästen (auch heute noch) durchaus als Vorteil angesehen wurde. Bereits der Reisefüher von *Müller* schrieb1886: „Dem Badegast wird viel Gelegenheit zu unentgeltlichen interessanten Wasserpartien durch die täglich vorkommenden Lootsenfahrten geboten." Auch der Reiseführer von *Bamberg* nannte 1895 als „besonders lohnend" die „Segelpartien mit den sicheren Lootsenböten bei mässigen Preisen“. Andere zeitgenössische Reiseführer (so u. a. der von *Schuster*) schilderten die in den Sommermonaten mehrfachen Übungen der Rettungsmannschaften der inzwischen an beiden Stränden eingerichteten „Rettungsstationen mit voller Ausrüstung“ als ein stets interessantes Schauspiel. Beide Stationen wurden von der „Deutschen Gesellschaft zur Rettung Schiffbrüchiger” aufgebaut und unterhalten, 1889 am Oststrand, 1901 am Weststrand. Außerdem konnte man sich mit einem Boot zu fester Taxe (für eine bis sechs Personen zehn Mark) zur Greifswalder Oie bei einem zweistündigen Aufenthalt oder für acht Mark nach Göhren schippern lassen. „Ebenso lohnt es sich, die seit 1830 bestehende Lotseneinrichtung kennen zu lernen“, besonders der „Ab- und Zugang der Dampfer, Grüßen und Signalisieren vorüberziehender Schiffe, Aufnahme von Lotsen”, Bootsfahrten zur Greifswalder Oie, zur Insel Ruden, nach Göhren und Binz, nach Lauterbach und zur Insel Vilm ergänzten die Reiseführer um 1922 das Unterhaltungsangebot für die damals rund 2.000 Badegäste. Konzerte seien eher selten, aber „Tanzabende und ähnliche Vergnügungen mehrmals wöchentlich in den Hotels“.

Auf einer im Juli 1914 verschickten Karte heißt es: „Nach einer großartigen 3-stündigen Seefahrt mit Schiff Kronprinz Wilhelm sind wir auf Rügen angekommen! Hier ist es einfach großartig das Leben und Treiben so was muß man sehen sonst glaubt mans nicht.” Absender Emil war im „Ostsee-Hotel” abgestiegen. Im Juni 1921 schrieben andere Badegäste aus der „Villa Concordia”: „Nach 3½ stündiger Bahnfahrt (D Zug) u. 5stündiger Dampferfahrt sind wir glücklich am Montag in Thiessow gelandet. Hier ist es wunderschön, hier hält man´s aus, ohne Arbeit – aber nicht ohne Geld. Morgen Sonnabend kommen mein Männchen u. Brüderlein nach. Wir haben uns einen Strandkorb gemietet, einen großen Wall darum geschippt u. da hausen wir von morgens bis abends in unserer Villa Anny=Lies. Tolle Gesellschaft u. Unterhaltung findet man genug. Gestern war Tanzabend. Das Meer ist hier herrlich u. wir sehen aus wie Krebse.“

Etwa zehn Jahre später verwies der Reiseführer von *Meyer* 1931 auf „Tanzabende im Café Erika; Reunion wöchentlich in den Hotels. Kinderfeste. Angeln im Zicker-See; Ausflüge mit Ruder- oder Motorboot… Kurzeitung während der Saison 2mal wöchentlich; außerdem `Rügensche Kurzeitung`“.

„Konditorei und Kaffee Erika" auf einer undatierten Karte. Das Haus hatte 1890 Bäckermeister Hubert Klüs erbaut, 1898 ersteigerte es Bäcker- und Konditormeister C. Gottschalk aus Barth und baute es schrittweise aus. Im linken, verglasten Bereich befand sich ein Ladengeschäft. Die Gaststätte hinter dem Laden hatte ca. 90 Plätze. Wiederum hinter der Gaststube befand sich die Küche. An der linken Hausseite war die Conditorei angeordnet. Rechts vom Hausflur und der Treppe zum Obergeschoss lagen hinter der offenen Veranda ein Ess- und ein Wohnzimmer sowie das Backhaus, auch am Schornstein zu erkennen. Hinter dem Gebäude waren mehrere Schuppen, u. a. ein Kohlenschuppen, die Waschküche, die „Plumps-Toiletten", ein Misthaufen und anfangs (rechts) auch der Stall für das Pferd zum Brottransport angeordnet. Später befand sich hier die Konditorei. Im Gegensatz zu anderen Häusern waren Brunnen und Pumpe nicht auf dem Hof, sondern in der Küche im Haus. Im Obergeschoss wurden fünf Zimmer vermietet, die jeweils neben zwei Betten, zwei Nachttischen und zwei Stühlen eine Waschkommode, einen zweitürigen Kleiderschrank und einen Tisch enthielten. Jedes Zimmer war mit Balkon versehen, auf dem sich nochmals ein Tisch und zwei Stühle befanden. Eine große Kanne, zwei Schüsseln und ein Eimer sicherten die „Wasserversorgung".

Überhaupt wurde die Werbung für Thiessow anfangs der 1930er Jahre wieder ausführlicher. Da schilderte der Reiseführer von *Grieben* 1930 zunächst die Lage, wonach Thiessow „fast ganz v. Meere umschlung." bzw. „inmitt. des weiten brausend. Meeres" gelegen sei. „Wegen seiner stillen Abgeschiedenheit wird es immer mehr von solch. Gästen aufgesucht, die für eine Zeitlang das nervenaufreib. Hasten u. Jagen der Großstadt mit ursprüngl. Natur vertauschen wollen." Ähnlich lautete die Werbung im Reiseführer von *Schuster*, der 1929/30 die stille Abgeschiedenheit „vom flutenden Leben der Großbäder" betonte: „Thiessow ist ein hervorragend schönes Meeresland und wegen seiner Abgeschiedenheit zur Erholung und Kräftigung für alle jene Kreise aufs beste geeignet, die für eine Zeitlang ein völliges Sichloslösen von allem Heute, von allem Alltag und von allem Großstadthasten nötig haben".

Der wahrscheinlich kleinste der Reiseführer von Rügen widmete Thiessow in seinen 56 Seiten zwar lediglich knapp 12 Zeilen, lobte aber, Thiessow „ist in allem schlicht geblieben, ohne jede Aufdringlichkeit, die sich so oft breit macht, und ist ein trefflicher Erholungsort für landschaftliche Feinschmecker, hat daher zahlreiche Besucher, die Jahr für Jahr wiederkehren. Wer lautem Vergnügen abhold ist, wird es nicht bereuen, in dieser Abgeschiedenheit einige Wochen zu verbringen, um sich die Seele vom Staube des Alltags rein zu baden."

Kinderfest im Juli 1929 nahe der „Villa Concordia".

1930 wurden 307 Zimmer und 30 Kammern in vier Hotels, drei Pensionen und zwei Cafes vermietet. Zu den damals etwa 230 Bewohnern kamen in den Sommermonaten etwa dreimal soviel Badegäste hinzu. Die am Ostseestrand befindlichen Badeanstalten bestanden jetzt aus jeweils 20 hölzernen Umkleidekabinen für das Damen- und das Herrenbad auf einer wassergeschützten Holzplattform. Hier agierte auch der damalige Bademeister Rudolf Koos, der zugleich Rettungsschwimmer und Sanitäter war. Außerdem befanden sich am Oststrand zwei Strandkorbvermietungen (ein Stehkorb kostete 3 bis 4 RM pro Woche, ein Liegekorb 5 bis 7 RM) sowie eine Plumpsklo-Anlage, die von einer Einheimischen betreut wurde, und der Strandfriseur. Fast am Ende der Promenade standen der große Rettungsschuppen mit Rettungsboot und –geschirr und der Rettungsmast, der bei Übungen als Zielpunkt, im Ernstfall zum Befestigen der Leine für die Hosenboje diente.
Bei aller Euphorie, es muss eine schwere Zeit für die Gemeinde gewesen sein, denn man hatte etwa ab 1931 nicht einmal mehr Geld für die Bezahlung eines Nachtwächters. So musste jede Familie reihum eine Nacht Wache halten. Ausgenommen waren nur die aktiven und die pensionierten Lotsen und der Lehrer. Wer nicht selbst gehen wollte, konnte sich mit drei Mark auslösen. Der jeweilige Nachtwächter bekam einen großen und einen kleinen Schlüssel, eine Tute und die Stechuhr, die zu Kontrollzwecken täglich im Bürgermeisteramt mit einem neuen Zifferblatt versehen wurde. Der große Schlüssel diente zum Abschalten der Straßenbeleuchtung um 22 Uhr, mit dem kleinen konnten drei an verschiedenen Lichtmasten angebrachte Blechkästen geöffnet werden, in denen sich Kontrolluhren befanden, die jeweils 23, 1 und 3 Uhr gestochen werden mussten.

Um 1934 warb die Badeverwaltung, Thiessow werde als „die funkelnde Ecke am schönsten Edelstein Deutschlands" bezeichnet. Es gäbe hier keinen geräuschvollen Kurbetrieb, keine eleganten kostspieligen Festlichkeiten und Bälle, Reunions und Veranstaltungen, die die „Geruhsamkeit, die Beschaulichkeit, zu der diese Landschaft zwingt", stören würden.
Etwas. womit die Reiseführer, die Badeverwaltung und die Vermieter zumindest bis zur Fertigstellung des Rügendamms 1936 warben, waren die regelmäßigen Dampferverbindungen mit Stralsund, Sassnitz, Göhren und Binz. Von Vorteil war, dass Thiessow einige Zeit über feste Seebrücken am Oststrand und zeitweise im Zickersee verfügte, die das lästige Ausbooten

entbehrlich machten, ehe sie durch Eisgang und Sturmfluten 1913 und 1943 zerstört und nicht wieder aufgebaut wurden. Für Alexander Ettenburg bildeten die o. g. Seebrücken in seinem Reiseführer *Die Insel Hiddensee bei Rügen, das Ostseebad der Zukunft und das westliche Rügen* jedoch bald nur noch eine Notlösung. In der zweiten Auflage hieß es 1912 bei der Beschreibung von Mönchgut: „Nur das kleine romantisch gelegene Ostseebad Thiessow auf der Südspitze Mönchguts ist noch mehr auf die Wasserverbindung durch seinen täglichen Greifswalder Tourdampfer \`Kronprinz Wilhelm\` angewiesen, wenn nicht in Bälde die längst geplante Automobil-Verbindung Thiessow - Philippshagen (Kleinbahnstation) zur Ausführung gelangt."
Dem Bau der ersten Seebrücke an der Stelle eines kleinen Anlegesteges ging eine Gemeindevertreter-Sitzung 1909 voraus, bei der „mit 9 gegen 3 Stimmen beschlossen (wurde), eine 300 Meter lange feste Landungsbrücke am Oststrande, woselbst bisher eine kleine Brücke stand, bauen zu lassen. Wahrscheinlich wird die Ausführung die Firma Spruth aus Greifswald übernehmen", schrieb das *Rügensche Kreis- und Anzeigeblatt* – so war es dann auch. Die eigene Reederei der Firma transportierte auch die erforderlichen Materialien und die Dampframme für den Brückenbau heran.

Die hölzerne Brücke am Oststrand hatte schließlich eine Länge von 285 Metern und eine Kopfsicherung von 26,50 Metern. Um 1910 war hier ein Brückengeld von 10 Pfennigen zu entrichten. Ein langes Leben war der Brücke freilich nicht beschieden, die Flut von 1913/14 schwemmte die Thiessower Landungsbrücke fort, nachdem sie – im Januar 1912 von schwerem Eisgang zerstört – erst kurz zuvor wieder aufgebaut worden war. Damit war auch das Geschäft von Spediteur Karken erledigt, der an der Brücke eine Halle zur Aufnahme von Gepäck erbaut hatte. Nun gab es nur noch einen hölzernen Landungsteg am Weststrand, der mit dem Bau einer Nachfolgerbrücke aufgegeben wurde.

Die erst am Anfang der 1920er Jahre (Baubeginn 1916, Fertigstellung 1923) errichtete Nachfolgerbrücke befand sich im Zickersee bei Klein Zicker und damit in ruhigeren Gewässern. Die „Saßnitzer Dampfschiffahrtsgesellschaft" hatte das benötigte Bauholz kostenlos von Stralsund herangeholt, Bagger-, Tauch- und „Sprengungsarbeiten" ausgeführt und zusätzlich 2000 Mark bar zugesteuert. Das benötigte Land verpachtete Bauer Looks aus Klein Zicker der Gemeinde auf zehn Jahre für 200 Mark Pacht pro Jahr.

Bau der Thiessower Seebrücke. Ständig waren Reparaturen an den Landungsbrücken erforderlich

Allerdings war der Weg für die Reisenden nun erheblich länger geworden. Die Brücke wurde deshalb 1921 an die „Saßnitzer Dampfschiffahrtsgesellschaft" (Sadag) verkauft. Da sie außerdem dem gewachsenen Reiseverkehr nicht mehr entsprach, ließ die Gesellschaft die Brücke abreißen, übergab das Holz der Gemeinde Thiessow und zahlte außerdem 250 Reichsmark als Ausgleich für die Nachteile der Gemeinde gegenüber den Kaufangeboten der Konkurrenten.

1928 wurde für rund 15.000 RM ein Neubau auf Thiessower Gebiet im Bereich des heutigen Bollwerks ausgeführt. Durch einen 1929 abgeschlossenen Vertrag wurde die Sadag Eigentümerin der Brücke, während die Gemeinde den Zugangsweg erhielt und sich außerdem verpflichtete, keine neue Brücker im Zickersee zu bauen.

Am Oststrand befand sich in früheren Jahren auch ein kleiner Anleger für die Motorboote der „Wittmiß-Mönchgut-Linie". Auch hier gab es einen Vertrag mit der Gemeinde, durch den die kleine Reederei über zehn Jahre das alleinige Recht für Fahrten von Thiessow nach Stubbenkammer, zu den Inseln Greifswalder Oie, Vilm und Ruden sowie zu den benachbarten Orten erhielt. Der Reiseführer von *Meyer* konnte deshalb 1931 auf die

„feste Landungsbrücke im Zicker-See für die Greifswalder Dampfer“ und die „Seebrücke am Oststrand für die Motorschiffe nach Göhren-Baabe-Sellin-Stubbenkammer“ hinweisen. 1936 übernahm die „Saßnitzer Dampfschiffgesellschaft” den kleinen Anleger, verlängerte ihn auf 87,7 m und stabilisierte ihn. Im Winter 1942/43 wurde auch diese Brücke zerstört und „dürfte der hohen Kosten wegen sobald nicht wieder aufgebaut werden“, schrieb der Reiseführer von *Woerl*. Die größeren Bäderdampfer fuhren nun an Thiessow vorbei und legten stattdessen bei Göhren an.

Blick auf die Brücke am Oststrand von Thiessow bei Anlandung des Bäderschiffes „Kronprinz Wilhelm“, „mit dem wird von Greifswald aus gefahren sind“, vermerkt der Absender der an Franz E. „Privatmann“ am 31. Juli 1914 abgeschickten Karte. „Die Aufregung über den Krieg ist hier sehr groß“, schreibt der Absender, „sind doch Leute aus verschiedenen Ländern und den mannigfaltigsten Berufen zur Kur in Thießow. Wie ist die Stimmung bei Euch? Falls der Krieg nicht weiter auf Deutschland übergreift u. wir ungehindert auf See können, fahren wir am 13. Aug. hier weg. Viele Kurgäste, besonders Geschäftsleute u. Militärpersonen sind schon heute abgereist od. wollen in den nächsten Tagen fort, so daß am Strand bald wenig Leben sein wird. Hoffentlich können wir die schöne Zeit noch bis zum Schluß ausnutzen u. grüßen herzlichst...“.

Solange die Brücken am Ostrand existierten, gab es zumindest in den 1930er Jahren eine recht einfache Methode den notwendigen Tiefgang für die kleineren Bäderschiffe zu gewährleisten: Das Bäderschiff „Saßnitz“

fuhr rückwärts an und rührte mit seiner Schraube den Sand auf. Durch das stundenlange Aufrühren war zwar das Wasser rund 100 Meter weit trüb, aber für die kleineren Bäderdampfer reichte es zum Anlegen.

Die Thiessower Landungsbrücke im Zickersee. Der ehemalige Kartenbesitzer hat handschriftlich vermerkt: „Gr. Zicker (Rügen) Aug. 1934".

Thiessow war früher freilich nicht nur Badeort, sondern ab 1859 Hauptlotsenstation, die 1945 aufgelöst wurde, weil die Schiffe inzwischen längst eine ganz andere Passage nach Stralsund nahmen. Ab April 1962 bis zum Frühjahr 2000 gab es wieder eine Lotsenstation auf Thiessow, danach wurde sie aus wirtschaftlichen Gründen nach Freest an die vorpommersche Küste, „gegenüber" von Peenemünde, verlegt. Alte Lotsenhäuser der größeren Art sind unter anderem am Beginn der Straße nach Klein Zicker zu sehen (Nr. 73 und 74, um 1800 errichtet, und die heutige „Mönchguter Fischerklause"). Lotsenpflicht bestand für Thiessow seit 1632, d. h. seit dem mussten Schiffer auf dem Weg durch den Greifswalder Bodden nach Stralsund bzw. Greifswald einen Lotsen an Bord nehmen. Der Kapitän eines russischen Schoners schien darauf verzichtet zu haben: Im Oktober 1904 segelte der bei gutem Wind auf dem südöstlich vor Thiessow befindlichen Landtief fest, konnte aber glücklicherweise durch den zufällig vorbeikommenden Regierungsdampfer „Hagen" freigeschleppt werden.

Das *Rügensche Kreis- und Anzeigeblatt* berichtete darüber am 5. Oktober: „Der Führer des Schiffes, das auf der Fahrt von Lieban nach Malmö war, war ganz erstaunt zu hören, wo er sich eigentlich befand; er hatte nämlich die Küste von Rügen für die schwedische Küste gehalten“
Auf dem Weg zum Lotsenberg hat man vom so genannten „Kleinen Königsstuhl“ eine herrliche Sicht über den Greifswalder Bodden bzw. die Ostsee. „Von der Höhe des Süd-Pehrd, auf welchem die Lootsensignale, sowie das Wachthaus des Lootsenpostens stehen, hat man einen weiten Rundblick über Land und Meer. Man erblickt die Insel Ruden und die Oie, die pommersche Küste mit Greifswald und im Norden das Nord-Pehrd“, schrieb der Reiseführer von *Dunker*.

Die Seebrücke von Thiessow mit zur Abfahrt bereitem Dampfer auf einer im Juli 1913 geschriebenen Karte mit Grüßen aus der Sommerfrische. „8^{00} sind wir abgefahren und waren um 11^{48} da. 2^{35} sind wir m. dem Dampfer abgefahren und waren erst um 4^{50} hier in Thiessow. Es gefällt mir hier s. gut.“ Und an anderer Stelle heißt es auf der Karte: „Zwei Kinder sind dort seekrank gew. auf d. Dampfer.“

Lotsenturm, Lotsenglocke (links), Sturmsignal und Lotsenhütte (rechts) auf einer im Juli 1934 verschickten Karte.

Spaziergänger auf dem Weg zum Lotsenturm, die Karte ist undatiert.

Zicker soll als „Tikarey“ (1170) oder „Thikaroe“ (1184) bereits in der 1260 in Island aufgezeichneten Knytlingasaga genannt worden sein, nach der der dänische König Knut 1184 auf der Halbinsel Zicker gelandet sei, um Wusterhusen gegenüber auf dem Festland zu erobern und niederzubrennen. Urkundlich soll das südliche Mönchgut erstmals 1276 erwähnt worden sein; der Name wird als „Meisenort“ gedeutet. Einige Quellen meinen, der Name bedeute „Siedlung bei den tröpfelnden Quellen“ oder „sickernde Insel“ oder sehen einen Zusammenhang mit der slawischen Bezeichnung von „Axt“, weil die Form des Halbinselkerns von Groß Zicker einer Axt ähnlich sei.

Die Karte wurde im Februar 1903 verschickt und zeigt den Blick vom Thiessower Weststrand in Richtung Klein Zicker.

Der Reiseführer von *Dunker* nannte Zicker 1888 nicht nur als Dampferanlegestelle für Thiessow, sondern auch als Reiseziel, sofern man „den 66 m hohen, eine sehr schöne Uebersicht gewährenden Bakenberg, ca. 600 m nördlich von Gr.-Zicker aufsuchen (will)“. Dieser im Osten gelegene Berg ist die größte Erhebung der Zickerschen Berge, „auf welchem die

Einwohner auch zuzeiten einen oder mehrere Haufen Holz anzünden und vermittels dieser feurigen Telegraphen ihren Nachbarn, den Bewohnern der Öhe, Nachricht von diesen oder jenen Angelegenheiten geben", schrieb Johann Jacob Grümbke 1805 in *Streifzüge durch das Rügenland.*

Die im Juli 1919 verschickte Karte zeigt auch den Blick vom Thiessower Weststrand in Richtung Klein Zicker.

Etwa gleichhoch ist der westlich gelegene Zickerberg, auch Zickerscher Berg genannt. Westlichster Ufervorsprung der Zickerschen Berge ist der „Swantegard" (= „heiliges Gehege"). In dessen Nähe, am Ufer in südlicher Richtung, befindet sich das sogenannte „Nonnenloch", wo sich der Sage nach Bergener Nonnen heimlich mit Eldenaer Mönchen getroffen und verlustiert haben sollen. Grümbke berichtete von einer anderen Version, die er vom Pastor von Zicker, Johann Andreas Otto Odebrecht, erzählt bekam: Danach war das Nonnenloch eine tiefe Grube, die deshalb Nonnenloch genannt wird, „weil vor alters städtische Nonnen, die zur Strafe, lebendig eingemauert zu werden, verurteilt waren, zuweilen hierher gebracht und in die Höhle hinabgestürzt worden sind. Jetzt entdeckt man zwar keine Spur mehr von diesem einst so furchtbaren Nonnenloch, allein alte Leute behaupten, daß zu ihrer Väter Zeiten die Öffnung noch unverschüttet gewesen sei." Immerhin war in den *Constitutionen für die Adlichen Jungfrauen-Klöster in Pommern und Rügen... No. I. Verordnung und Reglement, wegen des*

Adlichen Jungfrauen-Klosters in Bergen auf der Insel Rügen von 1733 formuliert, dass eine Dame, die sich „unanständlich oder unehrlich verhalten“ habe, „in dem Kloster nicht geduldet, sondern daraus gestossen“ werden sollte. Alfred Haas vermutete dagegen, dass sich in der Nähe einst eine slawische Kultstätte befand, die die heidnischen Bewohner mit den „witten Wiwern” (Mönchguter Erd- und Wassergeister) in Verbindung brachten, woraus in der christlichen Sage schließlich Nonnen wurden, die mit dem Kloster in Bergen in Verbindung gebracht wurden.

„Der Große Zicker“ wird die Landschaft genannt, in der sich auch der Ort Groß Zicker befindet - nämlich auf dem Zickerschen Höft, südlich vom Bakenberg an der „Zicker See“.
Den Zicker See benannten die schwedischen Statistiker, die 1695 auch Mönchgut vermaßen, als den „Schiffshafen bey Großen Zicker“ und beschreiben ihn als „eine kleine Einwyke undt hafen, worin zeitweise Schiffe eingehen, soll aber nichts einbringen“. Während für die schwedischen Landvermesser, denen es vorrangig um die Feststellung neuer Steuerquellen ging, der See „wertlos” war, hatte er doch für viele Jahre Bedeutung für die Schifffahrt, da es bis zum Bau des Sassnitzer Hafens 1889 bis 1896 rund Rügen keinen Schutz bietenden Hafen bei Stürmen oder Eisgang im Winter gab. Viele Schiffer nutzten deshalb gern den Zickersee als natürlichen Nothafen bzw. Winterlager. Der See bot gegen die gefährlichen auflandigen Winde aus Nordost bis Südost besonders guten Schutz. Sogar dem schwedischen und dem preußischen König wurde der See für die Anlage von Kriegs-Häfen empfohlen.
1532 wies das Register des Fürstentums Rügen in Groß Zicker elf Höfe und etliche Katen als Klosterbesitz aus, 1655 registrierte das Amt Bergen elf bewohnte Gehöfte, weitere elf waren als Folge des Dreißigjährigen Krieges wüst gegangen. Die schwedischen Landvermesser zählten 1695 insgesamt 14 Einwohner, darunter den Pastor Johannes Cadovius, den Schulzen und Kossaten Matthias Lockenwis, drei weitere Kossaten, drei Voll- und zwei Halbbauern („außer Petter Klisow, dieser ist so verarmt, das er jetzt nicht mehr Dienst leisten kann, als ein Kossat…“), einen Leineweber, einen Lachsfischer, einen Taglöhner und den Kuhhirten, die alle als Einlieger ausgewiesen sind. Einige wüste Höfe waren unter die Einwohner verteilt worden. Von den Bauern und Kossaten waren die unterschiedlichsten Dienste am Hof Philippshagen zu leisten, ehe 1847 13 Bauernstellen von

14 bis 21 Hektar zu je 1.000 Taler und elf Büdnerstellen von etwa einem Hektar zu 166 Taler in Eigentum umgewandelt wurden.
Im Februar 1914 erfolgte durch die Gemeinde die Bewilligung der Kosten für den Anschluss an das elektrische Ortsnetz unter der Bedingung, dass die Anschlussnehmer sich verpflichten mussten, die Kosten der Gemeinde zurückzuerstatten. 1930 wurde durch die Selliner Firma Krüger die Straßenbeleuchtung installiert. In der Folgezeit kam es zu Wechseln in der Elektrizitätsgesellschaft, wodurch die Strompreise gesenkt werden konnten. Erst 1964 erhielt Groß Zicker einen Wasseranschluss.
Die Kirche von Groß Zicker ist „ein kleines unansehnliches Gebäude, das, wie alle Landkirchen auf Rügen, im schwerfälligen gotischen Stil aus gebrannten Backsteinen aufgeführt, aber von einem desto romantischerem Kirchhof umgeben...“, schrieb Johann Jacob Grümbke.
Auch Karl Nernst, der Rügen 1797 besuchte, ließ nicht viel Gutes an der kleinen Kirche: „Die hiesige Kapelle ist äußerst schlecht, mit Schmutz überladen, und nicht einmal gewölbt. Wie in Lanken ist auch hier das Altarblatt beweglich, aber noch abgeschmackter und schmutziger. Man sieht den Pabst in der Mitte derselben sitzend, in seinen Händen das Kruzifix, um ihn her stehen die sämmtlichen Apostel in besondern Fächern. Hinter dem Altare paradiren: ein Joseph von Arimathia ohne Nase, ein Kristus ohne Kopf, und an der andern Seite der Kapelle steht sehr karakterisch – eine Feuerspritze!“. Die Zickersche Kirche ist das älteste Gebäude auf Mönchgut und in Folge mehrerer Restaurierungen (u. a. 1835 und von 1909 bis 1913) in gutem Zustand. Zunächst soll an Stelle der heutigen Kirche schon um 1360, also in der Zeit, als das südliche Mönchgut von der Familie von Bonow an das Kloster von Eldena überging, eine wohl eher provisorische Kirche oder Kapelle („ecclesia sive capelle“ hieß es in einer Kaufurkunde) gestanden haben, ehe um 1400 das kleine Backsteingebäude errichtet wurde, dem 1835 der verbretterte Fachwerk-Glockenstuhl wie ein Dachreiter mit Holzschindeln aufgesetzt wurde. Vorausgegangen war ein Blitzeinschlag, der vor allem Turm und Dach zerstörte. Die Reparatur nutzte man zugleich nicht nur, um die Wände um drei bis vier Steinlagen zu erhöhen, Pastor Johann Ehrenfried Schulz ließ bei dieser Gelegenheit auch den mittelalterlichen Schreinaltar in einer Gruft „begraben“. Interessant ist, dass König Friedrich Wilhelm IV. Teile des Materials der „Cholera-Quarantäne-Station”, die - ohne je ihre Funktion erfüllt zu haben - 1833 abgebaut wurde, zur Wiederherstellung der Kirche zur Verfügung stellte.

Nach der Wiederherstellung und Renovierung, bei der auch eine Gruft mit zwei Särgen vor dem Altar zugeschüttet, die Fenster vergrößert, eine neue Tür eingebaut wurde, erfolgte im November 1835 die Weihe der Kirche. Von der ursprünglichen Innenausstattung ist insbesondere durch die Kriegswirren während der Franzosenzeit nur wenig erhalten; mehrfach war die Kirche Heeresmagazin. Pfarrer Odebrecht stellte für die verursachten Schäden in der Kirche 90 Taler in Rechnung, die schließlich nach einigen Verhandlungen mit Generalkommissar Kennedy und „da dieser Ausflüchte machte", mit General en chef Lord Roslyn auch gezahlt wurden, berichtete Paries. Kurz nach der Renovierung wurde aus der Kirche jedoch ein schwedisches Proviantmagazin: „Schon am 8. September 1807 kam deshalb der Commissär Mayer mit dem ersten Transport von 30 Wagen mit gesalzenem Fleisch und Speck, Heringstonnen und Butter. Ihnen folgten Oxhofte mit Branntwein. Vor dem Altar war eine Waage aufgerichtet. Im Altarraum selbst schliefen Proviantbediente auf einem Heulager, und der Altar selbst war ihr Wucherbüro... Die Leichensteine des Kirchhofes mußten, um den auffahrenden Wagen Platz zu machen, weggenommen und auf einen Haufen beiseite gelegt werden", hieß es im von Pastor Odebrecht geführten Memorabilienbuch der Kirchengemeinde, wiederum zitiert bei Paries.

Blick auf den Zicker See.

„Spektakulärstes“ und zugleich schlichtestes Ausstattungsstück ist das aus einem einzigen Eichenstamm gefertigte Sakramentshaus (auch als Monstranzhaus bezeichnet) aus dem 15. Jahrhundert. Man vermutet hier die Beilarbeit eines Schiffszimmermannes, die später zum Opferstock umgearbeitet wurde. Auffallender sind dagegen das Altarkruzifix aus der Zeit um 1500 und die 1653 von Jürg Meyer geschaffene und 1917 restaurierte Barockkanzel. An ihrem Aufgang ist zu lesen: „Clawes Isebart Heinrich Rachowe Vorsteher :Iurg: Meyer Bawmeist.“. Die alten Grabsteine im Chorraum aus der Zeit zwischen 1744 und 1842 und einige auf dem Friedhof tragen statt der sonst üblichen Namen nur eine Jahreszahl und eine Hausmarke, mit der früher der Besitz gekennzeichnet wurde.

1859 erhielt die Kirche den heutigen Taufstein, den der Steinarbeiter Puppe aus dem Ort angefertigt haben soll, andere Quellen verweisen auf den Grabsteinfabrikant Seifert in Bergen. 1864 wurde die kleine Orgel von der Stettiner Firma Barnim Grüneberg gebaut, vorher mussten die Stimmgabel und die Stimme des Küsters die Gemeinde zum Singen animieren. Die kleinen runden, mit bildlichen Darstellungen versehenen Buntglasscheiben (sogenannte „Kabinettscheiben“) in den Fenstern des Chores wurden vermutlich um 1595 in den Niederlanden hergestellt. Drei der Scheiben könnten die ältesten Hinweise auf rügische Schifffahrt sein. Sie wurden der Kirche von Bauern, Fischern, Handwerkern und Schiffern aus der Umgebung geschenkt (sogenannte „Votivgaben“). Einige der Spender haben sich auf den Scheiben mit ihren Namen oder Hausmarken verewigt. Zu ihnen gehört Lucas Isebarth, möglicherweise ein Verwandter des auf dem Kanzelaufgang verewigten Clawes Ise(r)bart… Lange waren die Scheiben aus Sicherheitsgründen im Pfarrhaus, einem schönen Backsteingebäude etwas zurückgesetzt im Dorfkern (Boddenstraße 21), unter Verschluss. Das Vorgängergebäude aus den 1760er Jahren wäre dafür wahrscheinlich weniger geeignet gewesen: Das Pfarrhaus von Johannes Cadow (1690-1780) soll so marode gewesen sein, dass es mit einem Seil an einem Baum befestigt worden sein soll; es brannte 1703 ab und wurde 1704 wieder aufgebaut. 1850 wurde das Pfarrhaus ausgebaut, 1853 brannte es erneut ab, 1854 wurde das jetztige Pfarrhaus aufgebaut.

Auf der im August 1941 abgeschickten Karte ist im Hintergrund links die Kirche von Groß Zicker zu erkennen. Die Aufnahme entstand vom Friedhof aus.

In der Rügenliteratur sind u. a. folgende Angaben zu den Krügen und Gasthöfen in Groß Zicker zu finden: Einer der frühen Krüger war Thies Looks (1745-1822), er hatte mit zwei Frauen 15 Kinder, sein Vater, der ebenfalls Thies hieß, war auch Krüger und Kossat. Zur gleichen Zeit wie Thies Looks Vater wurde auch Hans Looks (etwa 1767-1827) als Küster und Krüger registriert. Im Reiseführer von *Müller* wurde 1886 auf ein Wirtshaus nahe der Fährstelle verwiesen, ohne den Namen und den Besitzer desselben zu nennen. „Im Wirtshaus finden wir in der Regel einen Schiffer, der uns über die Zicker´sche Bucht nach dem nahen Klein-Zicker hinüberfährt“, schlug der Reiseführer den Badegästen vor, die nach Thiessow wollten. Der Reiseführer von *Grieben* erwähnt 1896 nur das „Gasthaus von Klickow“ an der Straße zum Landeplatz (Fischerhafen). Die Gastwirtschaft, früher vereint mit Bäckerei und Kaufmannsladen, wurde 1852/53 durch Bäcker Karl Klickow erbaut. Dieser hatte zum Bau nur wenig Geld, aber sein Geselle, der „dicke Murch”, verstand es, den Gläubigern vorzutäuschen, dass sein Meister sehr reich sei, und sie liehen ihm das notwendige Geld. Der Reiseführer von *Grieben* nannte 1900 „Möllers Gasthof“ („einfach, empfehlenswert”, liegt an der Straße zum „Landeplatz”), zwei Jahre später wurde zusätzlich „Pantells

Restaurant zur Post", „einfach, aber empfehlenswert" genannt. Um 1904/05 registrierten die Reiseführer zwei Gasthöfe in Groß Zicker, „beide einfach, aber empfehlenswert", deren wechselvolle Geschichte hier nur angedeutet werden kann: Verleger M. Pantells „Restaurant zur Post" und „Johann Penses Gasthof", der sich in der Nähe der Fähre von H. Puppe befand, mit der man sich „im Sommer regelmäßig nachm. 3 Uhr; sonst Halbmasthissen der Flagge durch den Fahrgast" über den Zickersee nach Thiessow oder Klein Zicker übersetzen lassen konnte. Pantells Restaurant war 1884/85 durch Lehrer Karl Behn als Alterssitz gebaut, 1892 durch seine Witwe an Landwirt Wilhelm Pantell, später, durch die Witwe des Sohnes an Bürovorsteher Bundzus verkauft worden, ab 1939 im Besitz von Willi Dettke. Als Bäcker Johann Pense aus Patzig die frühere Klickowsche Gastwirtschaft kaufte und dabei die Bäckerei eingehen ließ, wurde daraus „Johann Penses Gasthof", später „Godglücks Gasthof".

„Penses Gasthof" (später Godglück). Die Karte wurde im August 1906 abgestempelt.

1935 hieß es im Reiseführer von *Grieben*, Groß Zicker sei ein „ruhiger Erholungsaufenthalt; vorzüglicher, weiter Meeresstrand 20 – 30 Min. östlich. Segelfluggelände. Die älteren Einwohner tragen noch Mönchguter Tracht". Drei Jahre später nannte das *Reichs-Handbuch der deutschen Fremdenverkehrsorte* unter der Position Unterkunft „God Glück 14 B, Zur Post 8 B". Der Reiseführer von *Grieben* nannte 1938 bei „Godglücks Gasthof" zehn Betten, Pension für 3,50 bis vier Mark, Restaurant, Cafe und ganzjährige Öffnung, beim „Restaurant zur Post" acht Betten von einer bis 1,50 Mark und Pension von drei bis vier Mark.

Im Ort gab es in den 1930/40er Jahren keinen Bäcker, Schlächter, Schneider und Friseur. Zunächst kamen je ein Schlächter aus Lobbe und Göhren ein Mal pro Woche ins Dorf, der Bäcker mehrmals in der Woche. Kaufmannsware erhielt man durch die beiden Kaufleute des Ortes, Bundzus und Kankel, die friedlich nebeneinander wohnten und sich gegenseitig sogar mit Ware aushalfen. Zum Friseur ging man im Sommer zum Strandfriseur nach Thiessow, im Winter kam ein Friseur aus Göhren. Kohlen lieferte anfangs Kahnschiffer Steffen, Karl Beutlich schleifte Messer und Scheren, sein Sohn Otto galt als der beste Schuhmacher. Fehlende Kleidungsstücke besorgte Helmut Sokalsky auf Bestellung bei der Firma Renz in Göhren. Sokalsky war gleichzeitig noch Trichinenbeschauer und stellvertretender Standesbeamter. Kleider konnte man bei Anna Looks und Frau Ürkvitz schneidern lassen.
Sehenswert ist das ganze Dorf mit seinen rohrgedeckten kleinen Backsteinhäusern und den typischen Dreiseitenhöfen (das quergestellte straßenferne Wohnhaus verbindet Scheune und Stall, die beide mit ihren Giebeln zur Straße stehen). Typisch auch die teilweise noch vorhandenen Feldstein-Trockenmauern, die die Höfe zur Straße hin abschließen.
Bekanntestes und meistfotografiertes Haus Groß Zickers dürfte das Pfarrwitwenhaus sein, das zwischen 1719 und 1720 gebaut wurde. Anlass war 1718 der Tod des damaligen Pfarrers, Johannes Cadow, der Frau und vier Kinder hinterließ, die das Pfarrhaus für die nachfolgende Pastorenfamilie räumen mussten. Eigentlich hatte die Witwe auf einen neuen Pfarrer gewartet, der sich ihrer und der Kinder annehmen und damit - wie bis dahin üblich - die Pfarre „konservieren" sollte. Stattdessen hatte der dänische König Friedrich IV. 1719 ohne Rücksicht auf das Gnadenjahr, in dem die Pfarrwitwe eigentlich im Pfarrhaus bleiben konnte und aus den Einkünften der Pfarre versorgt wurde, Pastor Tobias Rennert berufen, der jedoch bereits verheiratet war. Selbst ein mit großer Sorgfalt verfasstes zwölfseitiges Schreiben aller Geistlichen der Insel Rügen, mit dem sie das Recht der Konservierung zu verteidigen suchen, konnte den Dänenkönig nicht umstimmen. Allerdings war die am Ende des Schreibens verfasste

Bittschrift wohl der Anlass für den Bau des Pfarrwitwenhauses. Da der Bau aus den verschiedensten Gründen mehrfach stockte, wohnte Witwe Cadow weiterhin im Pfarrhaus, was zwangsläufig zu Konflikten und mehrfachen Beschwerden von Pfarrer Rennert führte. 1720 zog Witwe Cadow mit ihren vier Kindern und nach dem Tod von Tobias Rennert auch dessen Witwe in das Pfarrwitwenhaus ein, weil erneut – diesmal vom schwedischen König Friedrich I. – ein bereits verheirateter Pfarrer, Daniel Poetter, berufen wurde. Die letzte Pfarrwitwe, Sophia Vahl, wohnte von 1782 bis zu ihrem Tod 1810 im Haus, ihre Tochter noch bis 1811. Danach war das Pfarrwitwenhaus bis 1830 Schule und Wohnhaus des Schulmeisters. Erster Schullehrer war Steuermann Zaage aus Zingst. Als Groß Zicker 1830 ein eigenes Schulgebäude bekam, wohnte zunächst Pfarrkolonus Ulrich Weidemann im Pfarrwitwenhaus, danach wurde es vermietet.

Das Pfarrwitwenhaus von Groß Zicker auf einer im Juni 1918 mit herzlichen Grüßen vom herrlichen Ostseestrand verschickten Karte.

Um 1850 bewohnte Johann Friedrich Christian Radvan mit seiner neunköpfigen Familie die je nach Nutzung maximal sechs bewohnbaren Räume, ein Sohn und später ein Enkel folgten mit ihren Familien. Erst 1984 (!) zog die letzte Bewohnerin, Anna Glutsch, Tochter von Wilhelm Radvan, aus.

Sehr empfehlenswert ist der Rundwanderweg von Groß Zicker nach Gager oder umgekehrt über die Zickerschen Berge einschließlich des Bakenberges. Wenig bekannt sein dürfte das so genannte Telefunken-Haus auf der Anhöhe südöstlich vom Bakenberg. Die Telefunken-Gesellschaft für drahtlose Telegraphie hatte von der Pfarre ein Stück Land auf drei Jahre gepachtet und 1938 für ca. 30.000 RM das Haus als Versuchsstation für Ultra-Kurzwellen errichtet. Während des Krieges wurden zwei Sendetürme aufgestellt, für die Gemeinde ergab sich damit eine gewisse Einnahmequelle. Nach dem Krieg wurde die Station als militärisches Objekt im März 1946 gesprengt.

Das Telefunken-Haus.

Am Straßenrand in Richtung Groß Zicker befindet sich der so genannte „Krassenurtstein aus Pastor Steurichs Erzählung 30. März 1906" (so die Aufschrift, die auf Veranlassung der Tochter des Gutshofbesitzers Philippshagen, Frau Lagemann, angebracht worden sein soll). Nach der 1904 erschienen Erzählung „Am Nonnenloch", einer Geschichte aus der Franzosenzeit, sollen hier zwei schwerverwundete Soldaten von Schill gefunden und heimlich im Pfarrhaus gepflegt worden sein. Steurich hatte die Geschichte nach Aufzeichnungen des Mönchguter Pfarrers Magister Johann Andreas Otto Odebrecht geschrieben. Jener hatte im Pfarrhaus einen Waschkessel voll Kartoffeln kochen lassen, ließ eine Speckseite und Brot dazu legen und auf der Scheunendiele ein Strohlager anrichten. Er bewog auch die vor den vermeintlichen Plünderern geflüchteten Dorfbewohner dazu, mitzuwirken - natürlich in aller Heimlichkeit, damit die Franzosen nichts bemerkten. Als nach fünf Tagen ein englischer Dreimaster auftauchte, ließ sich der Pastor hinüberrudern und überredete den Kapitän, die Verfolgten an Bord zu nehmen. Neben der von Steurich geschriebenen Geschichte gibt es weitere Sagen über den Krassenurtstein. So soll in der französischen Besatzungszeit (1807-1810) ein französischer Soldat erschlagen worden sein, lautet eine mündliche Überlieferung, ebenso wie die Erklärung, dass irgendein Mensch im Mittelalter an dieser Stelle erschlagen wurde. Nicht zuletzt wies Pastor Steurich darauf hin, dass an diesem Stein angeblich Pferde mehrfach gescheut haben sollen, was zu allerlei abergläubigen Befürchtungen führte, hier hätten Gespenster ihren Sitz. Der Stein könnte ursprünglich in dem nahen Abhang gesteckt und irgendwann heruntergerollt sein.

Der Krassenurtstein 2016. Mit dem Namen wird wohl Bezug genommen auf einen „Krassendal“ genannten Feldschlag, auf dem sich einst ein Friedhof befunden haben soll, auf dem die Franzosen in der Besetzungszeit nach 1800 ihre Toten begraben haben.

Klein Zicker liegt südlicher, auf einem Inselkern, der durch eine schmale und flache Landzunge mit Thiessow verbunden ist. Anfangs nur ein Einzelhof von zwei Landhufen, etwa 40 Hektar, wird es 1360 ebenso wie Thiessow von der Familie von Bonow an das Kloster Eldena verkauft. Hier wird der Hof im klösterlichen Register von 1532 mit 32 Mark Pacht bewertet. Bauer Kapiske war 1569 der erste namentlich erwähnte Pächter, der außer 26 Mark und 1 Schilling Pacht auch 6 Scheffel Hafer abzuliefern hatte. Sein Hof gehörte im Mittelalter zu den größten Mönchgutern Bauernhöfen. Durch den Dreißigjährigen Krieg 1618 bis 1648 gab es auch in Klein Zicker praktisch kein Gehöft und keine Bewohner mehr. Erst nach 1632 siedelte sich Marten Lokenvitz an und konnte den gesamten Pachtacker von ca. 60 Morgen Land zur Bewirtschaftung übernehmen. Bis 1700 gab es hier somit nur einen Vollbauernhof.

Der kleine Ort war lange Jahrzehnte Fischerdorf. Die schwedische Landesmatrikel, die sich 1695 mit Klein Zicker befasste, stellte fest: „Sie können… unbehelligt und ohne Widerspruch auf das große Meer auf Lachsfang fahren. Das haben die Bauern von Lütke Zicker auch ausprobiert, doch wissen sie alle nichts Genaues über einen Ertrag mitzuteilen, den sie jährlich haben können, sondern sagen, es kommt, wie Gott sie damit versieht, bisweilen mehr, bisweilen weniger. Sie fischen mit allerhand Gerätschaften; und es ist darauf zu achten…, dass im Frühjahr, wenn sie Hering fangen, sie ihrer Herrschaft jeder 4 Stiegen (stig) frischen Hering geben müssen... Eine Stiege sind 20 Stück.“.
1847 können fünf Büdner und Lotsen ihre Gehöfte von jeweils etwa einem halben Hektar Fläche für je 150 Taler von der preußischen Regierung erwerben, bald werden weitere Parzellen an die Lotsen, Schiffer, Bootsfahrer, Fischer und den Gastwirt des kleinen Ortes, Schumacher, verkauft. 1872 konnte endlich auch der Vollbauer seinen damals noch 28 Hektar großen Hof für die freilich stolze Summe von 2.770 Taler als Eigentum erwerben.
Ab 1687 werden die ersten Lotsen aus Klein Zicker erwähnt, die anfangs nur ausfahrende Schiffe nordwärts der Stubber Bank begleiten durften. Von ihnen nutzen 1814 drei die günstigen Bedingungen für einen Neuanfang in Neu Reddevitz. 1814 ist auch das Jahr, in dem die erste offizielle Lotsenstation auf Klein Zicker eingerichtet wurde. Dreißig Jahre später,1844, wurde in Klein Zicker ein Zollhaus („Ansageposten“) eingerichtet und so genannte „Schiffsvisitierer“, „Schiffsbesucher“ oder „Zoll-Officianten“

von Lobbe nach hier verlegt. Diese Verlegung bedeutete eine Erleichterung für die Schiffer und Kaufleute, deren Zollabfertigung bisher mit etlicher Zeitverzögerung auf den Lotsenbooten erfolgte, zu denen die in Lobbe stationierten Zöllner einen längeren Fußmarsch unternehmen mussten. Nach 1945 wurde der Betrieb der Zollstation eingestellt und im Gebäude Wohnungen untergebracht.

Blick auf das Kliff von Klein Zicker auf einer im August 1905 verschickten Karte.

Von 1967 bis 1991 befand sich auf dem zeitweise „Radarhügel" genannten „Berg" hinter dem Dorf eine Radarstation der sowjetischen Armee; außerdem „beherbergte" Klein Zicker eine sowjetische Garnison von 65 Mann, worüber heute nur noch eine Informationstafel informiert. Schon einmal sollte Klein Zicker wegen seiner günstigen Lage militärisch, aber auch für den Seehandel genutzt werden. Schwedenkönig Gustav IV. Adolf hatte einst Großes vor: Er wollte 1806 den Zicker See ausbaggern, einen Hafen für 300 bis 400 Schiffe anlegen lassen und an den Ufern die Garnisonsstadt „Gustavia" mit etwa 30 Objekten gründen, darunter eine Werft, eine Seefahrtsschule, mehrere Häuser, Promenade, Theater, Handwerks- und Ackerbauschule, ein Kinderhaus… In die zunächst für 1000 Einwohner konzipierte Stadt sollten auch Teile von Thiessow und Klein Zicker einbezogen werden. Damit sollte der Nachteil, dass Schweden auf Rügen keinen Hafen besaß, beseitigt werden.

Die Kostenanschläge und die Vermessungsberichte lagen bereits vor, einige hundert Arbeiter und Soldaten hatten unter Oberstleutnant Ljungberg sogar noch 1806 mit ersten Arbeiten westlich von Groß Zicker begonnen, ehe 1807 die kriegerischen Auseinandersetzungen mit Napoleon dem ein Ende setzten. Was an oberirdischen Anlagen bereits existierte, wurde 1811 zerstört, auch die Pläne und Projektbeschreibungen sollen in die Hände der Franzosen gelangt sein. Nur wenige Jahrzehnte später wurde der Zicker See tatsächlich als zeitweiliger Hafen für kleinere Kriegsschiffe genutzt. Man hatte „höheren Ortes“ bekundet, dass „wohl anzunehmen ist, dass die Vertheidigung der rügenschen Gewässer in Zukunft durch `Monitors` [kleine gepanzerte Schiffe mit Geschütztürmen] von höchstens 12 Fuß Tiefgang ausgeführt werden wird, für welche es von großem Vortheil wäre, den Hafen benutzen zu können“. Tatsächlich lagen in den folgenden Kriegszeiten auch häufig Dampfkanonenboote im Hafen; dies war möglich geworden, weil König Friedrich Wilhelm IV. 1857 auf Bitten der Fischer und Lotsen sowie auf Intervention der Deputierten der Stralsunder Kaufmannschaft endlich den Ausbau des Sees zum Nothafen genehmigte.
Der Reiseführer von *Grieben* erwähnte 1896 lediglich das „Gasthaus von Runge“, 1900 nur das kurz vor Thiessow befindliche Logierhaus „Villa Tietz”. Um 1904/05 wurde das „Gasthaus H. Damp” (späterer Inhaber war ein Herr Diekmann) genannt, heute Gaststätte „Zum Trauten Fischerheim“. „Das Fischerdörfchen Klein-Zicker ist ein im Aufblühen befindlicher Kurort“ hieß es 1926 wiederum im Reiseführer von *Grieben*. Vom Klein-Zicker-Berg mit seinen 38 m Höhe habe man Aussicht über die Ostsee und den Greifswalder Bodden. Wenige Jahre zuvor schrieb Georg Paries in seinem *Rügenschen Heimatbuch*: „Dieses Dörfchen bildet eine einzige große Familie, die schon durch den gemeinsam ausgeübten Beruf als Fischer und Büdner zum gegenseitigen Zusammenhalt bestimmt wird.“ In den 1930er Jahren wurde Klein Zicker als kleines, als Sommerfrische besuchtes Fischerdorf beschrieben, mit „Damps Gasthof”, den die Reiseführer als einfach, aber durch Zuschriften gelobt, charakterisierten. Die Geschichte des Gasthofes begann nach der Sturmflut von 1872, als Karl Schumacher eine Gaststätte aufbaute, die später der in Lobbe geborene Louis Runge übernahm. Er baute einen kleinen Landungssteg auf dem Grundstück, über den Ware für den Gasthof wesentlich günstiger angeliefert werden konnte, als über die damals katastrophalen Straßen. Runge folgte zunächst Ferdinand Freese, dessen Witwe Ida Heinrich Damp heiratete, der neuer Besitzer des Gasthauses wurde.

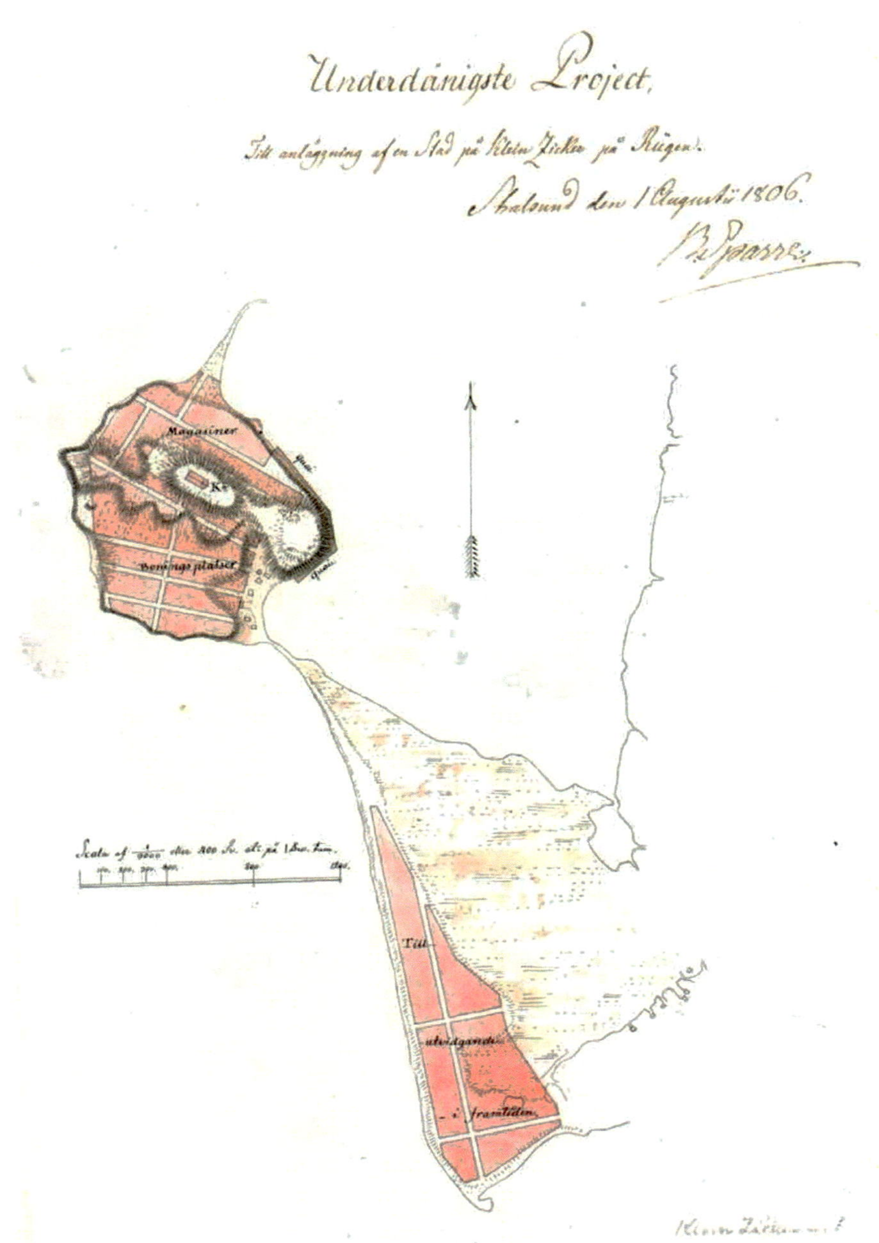

„Untertänigstes Projekt zur Anlage einer Stadt auf Klein Zicker auf Rügen. Stralsund, den 1. August 1806. B. Sparre."

Zeittafel
(unter Nutzung von: Mönchgut. Eine Landschaftsstudie)

1168 Rügen wird dänisch und kirchlich dem Bistum Roskilde unterstellt, dem „Redevisze" und „Sicker" jährlich je zwei Drömt Bischofsroggen zu liefern haben. Ein Drömt entsprach zu dieser Zeit zwölf Scheffeln, das waren drei Pfund.
1170-1184 wird die Halbinsel Zicker als „Thikar-ey" und „Thikar-oe" in der dänischen Knytlinga-Sage erwähnt.
1249 Fürst Jaromar II. schenkt das Land Reddevitz (Reddevitz, Baabe, Göhren, Wangernitz/Vitte, Lobbe) an Borante von Borantenhagen.
1252 Der gleiche Fürst verkauft das Land Reddevitz für 30 Mark und die Ablösung einer Rente von sechs Mark zusammen mit der Baaber Heide an das Kloster Eldena bei Greifswald.
1276 Fürst Wizlaw II. bestätigt dem Kloster diesen Besitz. Den Einwohnern werden Holzeinschlag und Viehmast in den Wäldern untersagt.
1295 Erst jetzt wird der aus der doppelten Vergabe resultierende Streit zwischen Kloster und Borante-Erben beigelegt. Das Kloster kauft das Land Reddevitz für 1.100 Pfennige.
1302 Pritbuer von der Lancken verkauft Wiesen, die innerhalb des Klosterbesitzes liegen, für 20 Mark an das Kloster.
1360 Die Brüder von Bonow verkaufen die Halbinsel Zicker (Groß und Klein Zicker, Thiessow, Gager) für 3.180 sundische Mark an das Kloster und behalten lediglich das Kirchenpatronat. Ab jetzt ist das Gebiet südlich des Mönchgrabens der „Mönche Gut".
1535 Nach der Reformation wird das Klosterland in herzoglichen Besitz überführt.
1605-1611 Zwölf Bauern aus Grotenhagen werden durch den herzoglichen Rentmeister nach Middel- und Kleinhagen umgesetzt, Grotenhagen wird als Domanialgut nach Herzog Philipp II. in Philippshagen umbenannt, dem die Mönchguter Abgaben und Frondienste zu leisten haben.
1627-1630 Die kaiserlichen Truppen verwüsten im Dreißigjährigen Krieg Mönchgut. In Groß Zicker bleiben nach ihrem Abzug von zwölf Halbbauernstellen nur vier, von acht Kossatenstellen noch drei, in Gager von sechs Halbbauernstellen nur eine und vier Kossaten, in Lobbe von drei Bauern nur einer übrig.

1630 König Gustav II. Adolf von Schweden landet auf Mönchgut, das schwere Besatzungs- und Kriegslasten zu tragen hat.
Ende des gleichen Jahres übergibt der Schwedenkönig Mönchgut als Dank für ein Darlehn an Stralsund.
1637 Nach Aussterben des Pommerschen Herzogshauses wird Rügen zum Streitobjekt von Schweden und Brandenburg.
1645/47 Die schwedische Regierung übernimmt für Vorpommern die „Erweiterte und erklärte Baur- und Schäfer-Ordnung" von 1616 und öffnet damit dem Bauernlegen Tür und Tor.
1648 Im Westfälischen Frieden kommt mit Rügen auch Mönchgut unter schwedische Herrschaft.
1656 Im schwedisch-dänischen Krieg plündern dänische Truppen auf Mönchgut.
1663 Das Dorf Wangernitz/Vitte zwischen Göhren und Lobbe wird durch ein Sturmhochwasser vernichtet.
1677/78 Unter dem Krieg zwischen Schweden und Brandenburg um Pommern leidet auch Mönchgut.
1693 Die Rückforderung früheren Kronlandes durch König Karl XI. beendet die Herrschaft Stralsunds über Mönchgut. Mönchgut wird mit 52 Hufen Domanialland.
1695 Vermessung von Mönchgut durch schwedische Landvermesser (schwedische Landesmatrikel).
1715/16 Im Nordischen Krieg wird Mönchgut durch Kämpfe zwischen Preußen, Dänemark und Schweden in Mitleidenschaft gezogen.
1782 Mönchgut hat 585 Einwohner.
1806 Schwedenkönig Gustav IV. Adolf plant den Hafen „Gustavia" im Zicker-See.
1807-1812 Mönchgut wird abwechselnd durch schwedische und napoleonische Truppen besetzt.
1809 Nach Schills Niederlage retten sich Reste seines Freikorps von Mönchgut über See auf preußisches Gebiet.
1806/1810 Die Leibeigenschaft wird aufgehoben, der Boden bleibt im Feudalbesitz.
1815 Schwedisch-Pommern kommt an Preußen.
1830 Das Lotsenwesen von Thiessow, Göhren, Lobbe, Klein Zicker und auf dem Ruden wird staatlich geordnet.

1847/1855 Die feudale Abhängigkeit der Bauern wird beendet, auf Mönchgut werden 46 Bauern- und Büdnerstellen eingerichtet.
1855 In Göhren wird die erste Mönchguter Seenotrettungsstation eingerichtet.
1859 In Thiessow wird eine staatliche Lotsenstation eingerichtet, die Stationen in Göhren, Lobbe und Klein Zicker werden abgeschafft.
1870 Mönchgut hat 1.666 Einwohner.
1872 Das Novembersturmhochwasser unterbricht vorübergehend die Verbindung zwischen Thiessow und Klein Zicker.
1878 Göhren wird Badeort.
um 1890 Baabe und Thiessow werden Badeorte.
1899 Die Rügensche Kleinbahn fährt bis Göhren.
1900 Mönchgut hat 2.308 Einwohner und 7.433 Badegäste, die meisten in Göhren.
1905 Bau der Chaussee nach Thiessow.
1905-1912 Der Steinwall vor dem Thiessower Südperd wird errichtet.
1907-1908 Der Steinwall vor dem Göhrener Nordperd wird errichtet.
1909 Die Seebrücke am Göhrener Südstrand wird erbaut und ist mit 1.076 Metern die damals längste Seebrücke Deutschlands.
1911 19.644 Badegäste in Göhren, Baabe und Thiessow, die meisten wiederum in Göhren.
1933 Mönchgut hat über 3.000 Einwohner.
1945 Die Domäne Philippshagen wird im Rahmen der Bodenreform an Neubauern aufgeteilt.
1953 „Aktion Rose“ mit willkürlichen Enteignungen von Gaststätten-, Hotel- und Pensionsbesitzern.
1958/59 LPG-Gründungen in Alt Reddevitz und Göhren.
1959 Erste Mönchguter Fischereiproduktionsgenossenschaft in Gager.
1960 Mönchgut ist vollgenossenschaftlich.
1969 Die Hofanlage (Museumshof) wird durch die Gemeinde Göhren erworben und schrittweise instandgesetzt.
1984 Mönchgut hat 3.693 Einwohner.
1986 229.738 Badegäste (ohne Tagesgäste) auf Mönchgut.

Personen

Im Text werden an verschiedenen Stellen wichtige Persönlichkeiten genannt, zu denen hier zum besseren Verständnis einige Daten ergänzt werden:

Arndt, Ernst Moritz, 1769-1860. Dichter, Historiker, Politiker. 1803 „Versuch einer Geschichte der Leibeigenschaft in Schwedisch-Pommern und Rügen“. 1818 Professor für Geschichte in Bonn, 1820 Amtsenthebung, 1840 Wiedereinsetzung. 1848/49 Mitglieder der Frankfurter Nationalversammlung. Obwohl ab 1818 Wohnsitz in Bonn, zeitlebens mit Rügen verbunden. Umstritten wegen antifranzösischer und antisemitischer Äußerungen.

Arnim, Elisabeth von, eigentlich Mary Annette Beauchamp, 1866-1941. 1904 Reiseroman „Elizabeth auf Rügen“ („The Adventures of Elizabeth in Rügen“) auf der Basis von mindestens drei Rügenbesuchen.

Bahls, Ruth Hedwig Agnes, 1909-1994. Lehrerin, Begründerin der Mönchguter Museen (1963 Heimatmuseum, 1971 Museumshof, 1977 Rookhuus, 1982 Museumsschiff „Luise“, alle in Göhren, 1986 Schulmuseum in Middelhagen). 1990 Mitautorin von „Mönchgut. Eine Landschaftsstudie”. War – genannt „Fräulein Bahls“ – weit über Mönchgut hinaus denkmalpflegerisch und für Landschaftsschutz aktiv.

Bonow, von. Altes pommersches Adelsgeschlecht. Verkauften 1360 Gager, Thiessow und Zicker (1356 von Familie von der Osten gekauft) an das Kloster von Eldena. 1699 erloschen.

Borantenhagen, von. Pommerscher Uradel. Erhielten 1249 das Land Reddevitz als Geschenk von Rügenfürst Jaromar II.

Dreyer, Max, 1862-1946. Journalist und Dichter. Ab 1901 Sommersitz „Drachenhaus” auf Nordperd (Göhren), ab 1921 ständiger Wohnsitz. Seiner Zeit auch international und als Repräsentant der Gegenwartsliteratur beachtet. Nicht unumstritten wegen Nähe zum Dritten Reich.

Dumrath, Willy Carl David, 1888-1969. Heimatforscher. Erfasste in so genannten Mönchguter Sippenbüchern alle Bewohner des Mönchgutes, die zwischen 1574 und 1943 in Akten, Kirchenbüchern, Standesamtregistern und anderen Quellen erwähnt waren, erstellte Ortschroniken von Thiessow, Klein Zicker, Alt Reddevitz und Göhren, (seit 1945 verschwunden, neue Fassungen legte Dumrath 1963 vor). 1963 Chronik aller Lotsen von Mönchgut.

Furchau, Adolf Friedrich, 1787-1868. Pastor in Stralsund. 1828 „Arkona, ein Heldengedicht in zwanzig Gesängen“, 1830 „Die Insel Rügen. Zwölf Gedichte. Nebst einem Anhange zur Erläuterung”.

Grümbke, Johann Jacob, 1771-1849. 1805 „Streifzüge durch das Rügenland“ (unter Pseudonym “Indigena“), galt als umfassendstes und fundiertestes Rügen-Buch. 1819 „Neue und genaue geographisch-statistisch-historische Darstellungen von der Insel und dem Fürstenthume Rügen“.

Haas, Alfred Moritz Wilhelm Gottlieb, 1860-1950. Volkskundler Pommerns und Rügens. Rund 1.000 erfasste Publikationen, darunter 1891 „Rügensche Sagen“, 1909 „Die Halbinsel Mönchgut und ihre Bewohner“, 1920 „Rügensche Volkskunde“.

Jaromar II., vermutlich 1218-1260. Rügenfürst 1249 bis 1260. Verschenkte 1249 das Land Reddevitz an Familie von Borantenhagen, verkaufte es aber 1252 auch an das Kloster Eldena.

Lanken, von der. Das Geschlecht derer von der Lan(c)ken gehörte neben der Familie derer von Putbus zu den bekanntesten Adelsgeschlechtern auf Rügen. Teilte sich nach einigen Generationen in drei Stammlinien, von denen Pritbuer einer der Stammväter war. Seine und eine zweite Stammlinie erloschen später.

Laube, Heinrich Rudolf Constanz, 1806-1884. Journalist und Schriftsteller. Zeitweilig Direktor des Wiener Burgtheaters, des Leipziger Wiener Stadttheaters. 1836 „Eine Fahrt nach Pommern und Rügen“.

Maltzahn, Hans-Jasper Freiherr von, 1869-1929. Landrat 1903-1921. Bemüht um Verbesserung der Verkehrsverhältnisse, Wohlfahrtspflege und Mönchguter Traditionen.

Nernst, Karl, 1775-1818. Verließ 1797 Rügen und wurde Rektor des deutschen Lyzeums in Stockholm. 1800 „Wanderungen durch Rügen“.

Normann, Matthäus von, um 1490-1556. 1551-1556 Landvogt. 1522 „Rechts vnd Gebruckes, so men oldinges im Gerichte tho Rechte geövet vnd gebrucket heft“, kurz „Wendisch-Rügianischer Landgebrauch“ (Sammlung von Rechtsbestimmungen, detaillierte Kulturgeschichte Rügens am Ende des Mittelalters).

Paries, Georg, Lehrer, Volkskundler. 1926 „Das Ostseebad Thiessow und seine Umgebung. Thiessower Heimatbuch“. 1931 „Rügensches Heimatbuch. Mit besonderer Berücksichtigung der Halbinsel Mönchgut“.

Putbus, Wilhelm Malte Fürst zu, 1783-1854. Größter Grundbesitzer Rügens (nach 1817 33.000 ha). Setzte sich 1817 bei Innenminister Kaspar Friedrich Freiherr von Schuckmann für Aufhebung Leibeigenschaft ein, machte Dienstbauern seiner Güter zu dienstfreien Pächtern. Zahlreiche schwedische und preußische Ämter und Würden. 1810 Gründung von Putbus. 1814 „Bussertsche Badehaus“ in Putbus, 1818 Badeort (zunächst Neuendorf, ab 1819 Goor/Lauterbach). 1821 Eröffnung Theater. 1836 Einweihung Pädagogium. 1846 Jagdschloss Granitz.
Rasch, Gustav, um 1820-1878. Journalist, Reiseschriftsteller. 1856 „Ein Ausflug nach Rügen. Natur, Bewohner und Geschichte der Insel“.
Rellstab, Johann Carl Friedrich, 1759-1813. Musikkritiker („Vossische Zeitung“). 1797 „Ausflucht nach der Insel Ruegen, durch Meklenburg und Pommern“.
Rex, Ina, eigentlich Alwine Amalie Louise Hannemann, 1845-1910. 1910 „Nivellierarbeit der Zeit. Roman über das Leben auf Mönchgut (Rügen) im 19. Jahrhundert”.
Rudolph, Wolfgang, 1923-2014. Volkskundler. Autor zahlreicher überwiegend maritimer Literatur. 1953 „Die Insel Rügen. Ein Heimatbuch”. 1962 „Die Insel der Schiffer”. Ehrenbürger von Sassnitz.
Scheele, Joachim von, 1565-1629, herzoglicher Rentmeister. 1622 geadelt. Legte u. a. Grotenhagen und machte daraus fürstliches Ackerwerk, später Philippshagen.
Schill, Ferdinand Baptista von. 1776-1809. Preußischer Offizier, der als Freikorpsführer in den Kriegen mit Frankreich von 1806/07 und 1809 bekannt wurde. Bei Kämpfen in Stralsund getötet.
Schimmelmann, Adelaide Caroline Luise Gräfin, 1854-1913. 1887 „Seemannsheim“ in Göhren, 1889 auf Greifswalder Oie, 1891 in Crampas. Um Verkauf des Erbes zu stoppen 1894 als angeblich geistesgestört durch Familie in Psychiatrische Abteilung des Kommunehospitals Kopenhagen gesteckt. Klinkchef, Dänemarks bekanntester Psychiater, hatte sich bestechen lassen. 1895 „Seemannsheim” Göhren erneut eröffnet. Weitere religiös fundierte Aktivitäten auch im Ausland. Völlig verarmt verstorben.
Schleiermacher, Henriette Charlotte Sophie, geb. von Mühlenfels, verw. von Willich, 1788-1840. Frau des Theologen Friedrich Daniel Ernst Schleiermacher.

Schneider, Carl Balthasar, um 1755-um 1840. Notar, später „Amtsjustitiarius“ in Bergen. 1823 „Reisegesellschafter durch Rügen“ (unter dem Pseudonym „K. S-r.“).

Schönholz, Friedrich Anton Freiherr von. 1837 „Rügen. Reisehandbuch für Besucher der Insel”. 1842 „Rügenfahrten, oder: Wie kann man, je nach Zeit und Umständen, die Insel Rügen am angenehmsten, billigsten und nützlichsten bereisen”.

Steurich, Gottlob Emil Steurich, 1852-1921. Pastor, Lehrer, Regionalpolitiker und Schriftsteller. Mitbegründer der „Ortsgruppe für Erhaltung der Mönchguter Volkstracht“. 1900 „Sturmflut“. 1904 „Am Nonnenloch“.

Tiburtius, Franziska, 1843 - 1927. Ärztin. 1876 mit dem Prädikat „summa cum laude“ promoviert. 1878 mit einer Studienfreundin erste Poliklinik für Frauen (die spätere „Klinik weiblicher Ärzte“) in Berlin gegründet. 1923 „Aus den Erinnerungen einer Achtzigjährigen“.

Wizlaw II. Um 1240 geboren, übernahm 1260 bis 1302 die Herrschaft über Rügen. Auf seine Initiative wurde 1283 zwischen den norddeutschen Fürsten und einigen wendischen Städten, darunter Lübeck, Wismar, Rostock, Stralsund und Greifswald, der Rostocker Landfriedensbund gegründet. Er bildete gewissermaßen den Kern der späteren Hanse. Bestätigte 1276 dem Kloster Eldena den Besitz am Land Reddevitz.

Worm, Friedrich Johann Carl, 1863-1931. Lehrer, Schriftsteller, Heimat- und Altertumsforscher. Hauptsächlich plattdeutsche Literatur und Stücke, u. a. 1907 „Truge Leiw“ (Selbstlose, wahre Liebe). 1899 bis 1903 Worm Herausgeber der plattdeutschen Wochenschrift „De truge Husfründ“. 1909 zusammen mit Alfred Haas „Die Halbinsel Mönchgut und ihre Bewohner“. Entdeckung des „Herzogsgrabes“. Sammlung prähistorisch interessanter Feuersteinstücke.

Schlieff, Hermann. Amtsrat. Vorsteher des Amtsbezirks Mönchgut. Domänenverwalter in Philippshagen. Amtsvorsteher in Göhren (bis 1901).

Begriffserklärung

Aktion Rose. Tarnbezeichnung, unter der im Februar/März 1953 auch auf Mönchgut Hotels, Pensionen und Gaststätten enteignet und überwiegend in Volkseigentum umgewandelt wurden. Dazu führten vorrangig sächsische Polizeieinheiten Hausdurchsuchungen durch und verhafteten die Eigentümer. Auf Grund von zu Wirtschaftsverbrechen aufgebauschten Bagatelldelikten oder konstruierten Tatvorwürfen wurden hohe Gefängnisstrafen ausgesprochen. Nach dem 17. Juni 1953 kamen die Verurteilten frei, die meisten verließen die DDR, nur wenige erhielten ihr Eigentum zurück.

Bauernlegen. Vertreibung der Bauern von ihrem Hof und ihrem Land durch die Grund- oder Gutsherrschaft mit dem Ziel, das selbst bewirtschaftete Land zu vergrößern. Basis bildete unter anderem die Stettiner "Erweiterte und erklärte Baur- und Schäfer-Ordnung" von 1616, in der die Leibeigenen als „der Scholle verschrieben" (coloni glebae adscripti), quasi als Inventar deklariert werden. Beispiel ist die Legung von fünfzehn Bauern und Kossaten des Dorfes Grotenhagen 1608 bis 1610 zu Gunsten des späteren Domanialgutes Philippshagen.

Bek (= Bach). Auch Beek oder Bäk geschrieben, bezeichnet eine flussartige schmale, meist aber sehr tiefe Strömungsrinne zwischen Randseen, Inwieken und Bodden. Beispiel ist die Baaber Bek.

Bischofsroggen. An den dänischen Bischof Absalon von Roskilde, der die Christianisierung der Ranen vehement betrieben hatte, zu entrichtende Abgabe, die erst 1894, d. h. sieben Jahrhunderte nach ihrer Einführung, aufgehoben wurde. Bis 1850 in natura (Der kupferne Scheffel - rund 46 Liter - befindet sich heute im Ernst-Moritz-Arndt-Museum in Garz), danach in Geldform erhoben. Mit der Erhebung waren nach der Reformation die Familien von der Lanken, von Normann und schließlich von Barnekow in Ralswiek belehnt worden, was ihnen das Recht zur Gebührenerhebung einräumte.

Bodden. Vom offenen Meer ganz oder teilweise abgegrenztes Küstengewässer. Die Abgrenzung erfolgt durch ständige Sandablagerungen, die kleine und/oder langgestreckte (Halb-) Inseln bilden und dadurch Teile des offenen Meeres ganz oder teilweise „abschnüren". Der (unter anderem) an Mönchgut angrenzende Teil des Greifswalder Boddens wird als **Rügischer Bodden** bezeichnet. Kleinere „Bodden" werden **Wieken** genannt.

Büdner. Als Büdner wird der Kleinbauer mit "Bude", Gartenland und Anteil an der Weidegerechtigkeit genannt, der zunächst keine Zugtiere hat und nebenher als Landarbeiter oder Handwerker arbeiten musste, um existieren zu können. Später erhielten Büdner auch etwas Land.

Cholera-Quarantäne-Station. Ende August 1831 war mit dem Bau von Brücken und einer Vielzahl großer Quarantänegebäude unter Leitung des Stettiner Regierungsrates Scabell begonnen worden, Anfang November waren einige achtzigtausen Taler verbaut und das Bauvorhaben abgeschlossen. Hintergrund war die in Pommern herrschende asiatische Cholera. Man meinte für die aus seuchengefährdeten Gebieten kommenden Schiffsbesatzungen eine Station zur ärztlichen Untersuchung und zur in der Regel 40 Tage (italienisch: quaranta) andauernden Beobachtung zu benötigen. Ohne ihren Zweck zu erfüllen oder irgendeinen anderen Nutzen gehabt zu haben 1833 vollständig abgerissen.

Domanialbesitz. Domanialgut. Domäne. Bezeichnung für landesherrlichen Besitz (im Unterschied zum Besitz der adligen Grundbesitzerfamilien von Putbus etc.), aus dem ein Großteil der landesherrlichen Einnahmen durch Pacht, Abgaben und Dienste der abhängigen Bauern resultierte. Auf Mönchgut nach 1815 zum Beispiel das ehemalige „Fürstliche Ackerwerk Mönchgut" von Herzog Philipp Julius II., Philippshagen.

Einlieger. Die Ärmsten der Armen waren die Einlieger, die kein Land und kein eigenes Haus besaßen und als Tagelöhner nur von der Arbeit auf dem Gutshof oder vom Fischfang lebten. Der Einlieger besaß im 17. Jahrhundert auf Mönchgut nur etwas Gartenland.

F. P. 1. anwortet nicht. Für den utopischen Film „Flugplattform 1 anwortet nicht" mit Hans Albers wurde die Rügen vorgelagerte Insel Greifswalder Oie 1932 mit Kulissen und Metallplatten kurzzeitig zur Plattform für Atlantikflüge. Ein Teil der Metallplatten, aus denen das „Rollfeld" bestand, bildet noch heute die Wände eines Fischereischuppens an der Verbindungsstraße zwischen Thiessow und Klein Zicker.

Gerechtsame. Andere Bezeichnung für Nutzungsrecht oder Berechtigung, zum Beispiel zum Fischfang oder zur Weiden.

Häusler. Als Häusler werden Tagelöhner bezeichnet, die über Haus und Land verfügen. Oft handelte es sich um Handwerker, später um Kleinbauern mit Pachtland, die die Landwirtschaft meist nur im Nebengewerbe betrieben.

Hausmarke. Meist linear geformte, runenähliche Zeichen, waren früher, als Lesen und Schreiben noch nicht allgemein üblich waren, auf Rügen und Hiddensee weit verbreitet und wurden, von niedersächsischen Siedlern eingeführt, etwa seit 1530 verwendet. Die älteste Hausmarke von Thiessow stammt aus dem Jahre 1632. In jenem Jahr baute der Sohn von Clages Isebardt das zerstörte Haus seines Vaters wieder auf, aus dem später das „Haus Frohsinn“ wurde. Leider ist die Hausmarke heute nicht mehr zu sehen. Sie waren ursprünglich personengebunden und wurden vererbt, teilweise waren sie auch „nur“ an ein Haus gebunden und gingen bei Verkauf an den neuen Besitzer über. Neben den Hausmarken entwickelten sich ähnliche Kennzeichen, z. B. Vieh-, Handels-, Güter- oder Produktmarken, mit denen man in einigen Gebieten sämtliche zu einem Haushalt gehörenden Geräte, Werkzeuge, Tiere und Grundstücke kennzeichnete.

Having. Ist keine eigenständige Gewässerform, sondern „nur“ der Name der Bucht zwischen dem Reddevitzer Höft und der Granitz.

Höft. Auch Höwt, Hövt, Haupt (ein wohl von den mittelalterlichen Kolonialisten eingeführter Begriff), **Ort** (auch Uhrt) und **Perd** (auch Peerd, Pert, Peehrt = slawischer Begriff für Vorsprung, altdeutsch auch für Pferd), **Hörn** oder **Haupt**, **Ecke** oder **Haken** (z. B. Gobbiner Haken) werden nahezu synonym als Begriffe für Vorsprünge und Landspitzen der Küste Rügens bzw. Enden von Strandwällen genutzt.

Hufe. Als Flächenmaß reichte die Hufe – von Region zu Region unterschiedlich – von unter 10 bis über 30 Hektar bzw. 15 bis 40 Morgen. Kleinste Hufenform war die Hakenhufe (15 Pommersche Morgen = 9,83 Hektar), benannt nach dem hölzernen slawischen Pflug. Doppelt so groß war die normale Landhufe (30 Morgen). Der **Hufner** – klassischer Bauer des Mittelalters - besaß ein oder zwei Hufe, die Haus, Hof, Garten, Acker- und Gemeindeweide- und –waldanteile (so genannte Allmendeanteile) umfassten.

Kliff. Steilabbrüche an der Meeresküste. Aktives Kliff ist noch in Bewegung, passives Kliff ist z. B. durch Bewuchs weitgehend in Ruhezustand.

Kossate, **Kossät** oder **Kätner**. Der Kossate ist nach seiner Behausung, der Kate, benannt und gehörte zur bäuerlichen Unterschicht mit fließenden Übergängen zur unterbäuerlichen Schicht (u. a. Einlieger) sowie zum Landhandwerk; meist handelte es sich auch hier um Tagelöhner. Kossäten besaßen meist Feldgärten, aber kein Vieh und keinen Acker.

Mark sundisch. Rechnungswährung, auf deren Grundlage von 1319 an bis 1764 in Stralsund Münzen geprägt und verwendet wurden (kleinere Münzen noch bis 1815). Die Mark sundisch war unterteilt in 16 Silber-Schillinge (solidus), der Schilling jeweils in 12 Pfennige (denarius). Später ersetzt durch die Lübische Mark (erstmals 1506 eingeführt), die aufgrund ihres höheren Wertes (zeitweise bis zu dreimal so viel wert) begehrter war. Im Jahr 1378 bekam man für 1000 Sundische Mark 660 Mark lübisch. Der rügische Landvogt Normann beklagte um 1530 die Teuerung und nannte als Beweis, dass ein Pferd nun acht Mark, früher jedoch nur 5 Mark gekostet habe. 50 Jahre nach Normanns Tod (1556) soll der Preis für ein Pferd 10 Mark betragen haben - und die Preise stiegen weiter. Um 1800 waren Reichstaler und Schilling die gängigsten Münzen. Der Reichstaler galt 6 Mark oder 48 Schilling. Um 1770 kosteten

- ein Pfund Butter	= 4 Schillinge
- ein Pfund Käse	= 5 Schillinge
- ein Pfund Rindfleisch	= 1 Schilling
- ein Huhn	= 4 Schillinge
- ein Hammel	= 32 Schillinge
- ein gemästeter Hammel	= 1 Taler und 14 Schillinge.

Morgen. Umfasste als Flächenmaß etwa 0,65 Hektar heutiger Fläche.

Rente. Hier Geldzahlung für einen geliehenen Geldbetrag (analog einer Zinszahlung).

Säkularisierung. Bezeichnung für die meist erzwungene Überführung von Vermögen und Sachen aus geistlichem in weltliches Hoheitsrecht nach der Reformation (1534/35). Betraf auf Mönchgut zum Beispiel den Besitz des Klosters Eldena, der zum größten Teil an die Pommernherzöge fiel.

Schwedische Landvermessung (auch **schwedische Landesmatrikel**). Das bis dahin umfangreichste historische Statistikwerk über Rügen. Grundwerk ist die 1692-1702 angefertigte Landesaufnahme. Dieses Katasterwerk umfasst im Maßstab von 1 : 8333 etwa 900 Kartenblätter und 64 bis zu tausend Seiten starke Foliobände mit den erforderlichen Ausrechnungen und Erläuterungen zu den Karten. Ausrechnungs- und Beschreibungsbücher geben eine genaue Beschreibung der wirtschaftlichen Verhältnisse für jeden Ort (aber auch Vermerk von Bau- und Geschichtsdenkmalen). Die Landaufnahme von Rügen erfolgte 1694-1695 durch acht schwedische Landvermesser, die üblicherweise vom 1. Mai bis in den Oktober hinein mit jeweils zwei Gehilfen (ein Soldat und ein Lehrgeselle) von Ort zu Ort reisten, die Bauern, Grundbesitzer, Verwalter, Pastoren und ältere Bewohner nach ihren wirtschaftlichen und sozialen Verhältnissen befragten, Einblicke in die verschiedensten Unterlagen nahmen (Kaufkontrakte, Lehnbriefe, Verträge etc.) und Feldrisse mit der teilweise noch heute üblichen Dreiecksmessung (Triangulation) mit Messtisch, Diopterlineal und Messketten anfertigten. Damit sollten dem schwedischen Staat die Unterlagen für die Besteuerung der Bevölkerung beschafft werden.

Tagelöhner. Der Begriff Tagelöhner bezeichnet die Art der Entlohnung dieser schon sehr früh neben Knechten und Mägden auf den großen Gütern tätigen Lohnarbeiter.

Vollbauer. Der Vollbauer besaß im 17. Jahrhundert auf Mönchgut 24 Morgen Land und 4 Pferde, der **Halbbauer** 12 Morgen Land und 2 Pferde. Infolge des Dreißigjährigen Krieges sank die Morgenzahl bei den Vollbauern um 1660 auf 15 Morgen. Abhängige Bauern mussten über den Eigenbedarf hinaus zusätzliche Gerätschaften und Pferde vorhalten, um die geforderten Dienstleistungen bei der Gutsherrschaft (Philippshagen) erbringen zu können.

Votivgabe. Votivschiff. Spezieller Ausstattungsgegenstand vor allem der küstennahen rügenschen Kirchen, vorrangig im 19. Jahrhundert eingeführt. Dankten die stiftenden Fischer, Kapitäne, Schiffer und Lotsen oder deren Berufsgemeinschaften damit anfangs für die Errettung aus Seenot oder die bisherige Bewahrung davor, sind die Schiffsmodelle und andere Gegenstände später zumeist Geschenke an ihre Kirchen, denen sie häufig ein Leben lang angehörten und zu deren Schmuck im Inneren sie beitragen wollten, aber auch Dokumentation von Macht- und Selbstbewusstsein oder Zeugnis der Gesinnung, Lebenshaltung und Lebensqualität des Spenders (siehe unter anderem in Göhren und Middelhagen).

Wendisch-rügianischer Landgebrauch. Sammlung altdeutscher, auf Rügen gebräuchlicher Rechtsbestimmungen, 1522 durch Matthäus von Normann im Auftrag von Herzog Philipp I. von Pommern begonnen, bis 1546 ergänzt und erweitert, ohne eigene Gesetzeskraft. Die Originalhandschrift wurde erst 1977 wieder aufgefunden. Das Titelblatt in einer Abschrift aus dem 18. Jahrhundert lautet: „SUMMARIA und Gemeine Anzeichnis des Wendischen, Im FürstenThum Rügen, Rechtes und Gebrauches, So man vor Alters im Gerichte geübet und gebrauchet hat: Darin der Durchleuchtigen Fürsten und Herren zu Stettin Pommern Herzogen und Fürsten, des Orthes Regalien und hoher Hörigkeit auch des Adels daselbsten, auch gemeinen Bauerschafft Gerechtigkeit und Freyheit ist verfasset, und so viel man des in Erfahrung bekomen, mit Fleiß angezeichnet und beschrieben."

Wiek. Inwiek. Flache, weit geöffnete kleine Meeresbucht (z. B. Hagensche Wiek). Hat sie nur eine kleine schmale Verbindung zur offenen See, bezeichnet man sie als **Inwiek** (z. B. die oder der Zicker See). Größere Buchten werden als **Bodden** bezeichnet.
Wüst. Wüstung. Ehemals besiedelter und/oder bewirtschafteter Grund und Boden, der in Folge von Bevölkerungsverlust (zum Beispiel im Dreißigjährigen Krieg) oder -wegzug, Seuchen, durch veränderte Besitzverhältnisse (z. B. Bauernlegen), vereinzelt auch als Folge von Naturgewalten aufgegeben wurde.
Zehnt. Kirchenzehnt(er). Etwa zehnprozentige Steuer in Form von Geld oder Naturalien, hier an den Pfarrer bzw. die Kirche. Basis bildeten in der Regel die Ernteerträge.
Zisterzienser. Orden von Mönchen/Nonnen, ursprünglich mit dem Ziel. ausschließlich von ihrer eigenen Hände Arbeit zu leben. Einnahmen aus Verpachtung und Zinsen sowie die Erhebung von Abgaben lehnten sie ab. Abgeschiedenheit von der Welt und Einfachheit der Lebensweise waren Grundideale. Später konnten die umfangreichen Ländereien nicht länger in Eigenarbeit bewirtschaftet werden. Daher begannen die Zisterzienser, von den Abgaben und Diensten abhängiger Pachtbauern zu leben. Dabei wurden sie von den Landesherren unter anderem mit dem Ziel unterstützt, über die Missionierung der in diesen Gebieten lebenden, zum Teil noch heidnischen Slawen und über die wirtschaftliche Leistungskraft der Mönche das Land zu konsolidieren und schrittweise auszudehnen.

Quellenverzeichnis (Auswahl)

Adler, F.: Mönchgut. Das Bild einer Volkskultur auf Rügen; in: Pommernforschung, Reihe 2, Veröffentlichungen des Volkskundlichen Archivs Pommern, Band 3; Universitätsverlag Ratsbuchhandlung L. Bamberg, Greifswald 1936

Albrecht, R. und andere: Adeline Gräfin von Schimmelmann adlig. fromm. exzentrisch; Wachholtz, Neumünster 2011

Arnim, E. v.: Elizabeth auf Rügen; Verlag Ullstein, Frankfurt/M./Berlin 1989

Bamberg, L.: Führer durch die Insel Rügen; verschiedene Auflagen (1890, 1892, 1895); Ludwig Bamberg, Greifswald

Boll, E.: Die Insel Rügen. Reise-Erinnerungen; Bärensprung, Schwerin 1858 (hier digitalisiert von Google)

Brockhaus`Kleines Konversations-Lexikon; fünfte, vollständig neubearbeitete Auflage; F. A. Brockhaus, 1906; Digitale Bibliothek 2001

Brockhaus´ Conversations-Lexikon. Allgemeine deutsche Real-Encyclopädie ; 13. Auflage; in 16 Bänden und einem Supplementband; Verlag von F. A. Brockhaus, Leipzig 1882 – 1888

Brockhaus-Reisehandbuch Ostseeküste; VEB F. A. Brockhaus Verlag, Leipzig 1974

Das Ferien- und Bäderbuch, 6. Auflage; Tribüne, Berlin 1979

Die Insel Rügen. Ein Taschenbuch für Reisende, zweite vermehrte und verbesserte Auflage; Lion Saunier, Stettin 1844 (hier digitalisiert bei Google Books). Erstauflage bei Morin, Stettin 1836. Autor war eventuell Johann Jacob Grümbke.

Die Insel Rügen in Wort und Bild (auch roter Rügenführer genannt); 2. Auflage; Rügenscher Ostseebäder-Verband, E. V., Geschäftsstelle Binz, Binz 1913

Die Insel Rügen und ihre Bäder. Praktischer Führer für Touristen und Badegäste. Mit einer Spezialkarte; Band 1 in der Reihe „Agricolas Wanderbücher"; Wilhelm Gronau, Chemnitz & Leipzig (undatiert, um 1906)

Die schwedische Landesaufnahme von Vorpommern 1692 – 1709. Karten und Texte herausgegeben von der Historischen Kommission für Pommern und dem Landesarchiv Greifswald in Verbindung mit der Gesellschaft für pommersche Geschichte, Altertumskunde und Kunst e. V. Ortsbeschreibungen Band 2: Insel Rügen. Teil 2: Mönchgut; Steinbecker Verlag Dr. Ulrich Rose, Greifswald 2002

Dunker, H.: Die Insel Rügen; Neuester Führer mit einer zuverlässigen Spezialkarte und einer Uebersichtskarte für die Reise nach Rügen; verschiedene Auflagen (1888, 1891, 1895); Verlag von F. Becker, Bergen auf Rügen

Eine Insel mit Geschichte. 200 Jahre Landkreis Rügen; Ernst-Moritz-Arndt-Gesellschaft, Groß Schoritz 2007

Ettenburg, A.: Die Insel Hiddensee bei Rügen, das Ostseebad der Zukunft und das westliche Rügen; Selbstverlag, Vitte-Süd 1912, kommissarischer Verlag von Hans Kruse, Bergen a. Rügen

Fack, E.: Die Insel Rügen. Neuester Führer mit drei Spezialkarten und einer Übersichtskarte für die Reise nach und durch Rügen, sowie Tabelle der zwischen Sassnitz und Stubbenkammer angebrachten Farbtafeln; verschiedene Auflagen (1907 – 1908, 1910 – 1911); Fack, Sassnitz

Furchau, F.: Die Insel Rügen. Zwölf Gedichte. Nebst einem Anhange zur Erläuterung; I.

Strucks Witwe, Stralsund 1830 (hier digitalisiert bei Google Books)
Gehrke, H.: Lotsentätigkeit in den Gewässern um Rügen; Grin, Norderstedt 2013
Geuters Führer Insel Rügen und Hiddensoe. Illustrierter Führer für die Rügenreise.... Siebente völlig überarbeitete Auflage von Volckmanns Rügenführer; Geuters Reiseführerverlag, Berlin 1923/24
Grieben Reise-Bibliothek/Reiseführer/Reisebücher, Band 65 Rügen; verschiedene Auflagen (1874 - Digitale Bibliothek Mecklenburg-Vorpommern, 1894, 1896, 1900, 1902 - 1903, 1904 - 1905, 1906 - 1907, 1910 - 1911, 1912 - 1913, 1914 -1915, 1920 - 1921, 1922, 1926, 1930, 1935, 1938); Grieben-Verlag. Albert Goldschmidt/ Grieben-Verlag G. m. b. H./ Albert Goldschmidt/ Verlag von Griebens Reiseführern (Albert Goldschmidt), Berlin
Grümbke, J. J.: Streifzüge durch das Rügenland; F. A. Brockhaus, Leipzig 1988; Original 1805 unter dem Pseudonym „Indigena" (lat., „der Einheimische") bei Johann Friedrich Hammerich in Altona
Haas, A. (Hg.): Rügensche Skizzen; Julius Abel, Greifswald 1898
Haas, A. (bearb. u. herausg.): Rügensche Volkskunde; Arthur Schuster, Stettin 1920
Haas, A./Worm, F. (Hrg.): Die Halbinsel Mönchgut und ihre Bewohner; Johs. Burmeisters Buchhandlung, Stettin 1909
Jüngling, K./Roßbach, B.: Elizabeth von Arnim. Eine Biographie; Insel-Verlag, Frankfurt am Main und Leipzig 1996
Karl Nernst´s Wanderungen durch Rügen. Herausgegeben von Ludwig Theobul Kosegarten. Düsseldorf, in der Dänzer´schen Buchhandlung. 1800; Neubearbeitung von Heinz Jüpner; Axel Dietrich, 1994
Kiesslings Reisebücher. Stettin, Greifswald, Stralsund und Rügen. Bearbeitet von Dr. B. Graupe; Alexius Kiessling, 2. Auflage, Berlin 1902
Lampert, F.: Eine Fahrt nach Rügen Hiddensee und Usedom. Ein historischer Reise- und Wanderbericht; Edition Pommern, Elmenhorst 2009
Landeskundlich-historisches Lexikon Mecklenburg-Vorpommern; Hinstorff, Rostock 2007
Laube, H.: Eine Fahrt nach Pommern und der Insel Rügen; Edition Temmen, Rostock/ Bremen 2004
Mandelkow, M.: 650 Jahre Thiessow. Bekanntes und Unbekanntes aus naher und ferner Vergangenheit; Kurverwaltung Thiessow, Göhren/Bergen 2010
Mandelkow, M.: Das Lotsenwesen auf Mönchgut und damit verbundene Einrichtungen; Kurverwaltung Thiessow, Göhren/Bergen 2009
Meyers Reisebücher. Deutsche Ostseeküste II. Rügen und die pommersche Küste mit ihrem Hinterland; 2. Auflage; Bibliographisches Institut in Leipzig; Leipzig 1924
Meyers Reisebücher. Pommern. Seebäder. Insel Rügen. Bornholm; 3. Auflage; Bibliographisches Institut AG. In Leipzig; Leipzig 1931
Meyers Reisebücher. Rügen und die Ostseebäder Pommerns; Bibliographisches Institut, Leipzig und Wien 1921
Mönchgut. Eine Landschaftsstudie, Teile 1 – 3; Mönchguter Museum/Rat der Gemeinde Göhren 1990
Müller, E.: Die Insel Rügen mit Berücksichtigung der benachbarten Städte des Festlandes: Stralsund und Greifswald. Führer für Badegäste und Touristen, verschiedene Auflagen

(1886, 1897); Reiseführer durch Deutschland Nr. 6; Barthof & Co., Berlin
Müller, W./Prager, H. G.: Seefahrtschule der Luftwaffe Lobbe auf Rügen 1937 - 1945; Broschürenreihe zur deutschen Geschichte, Nr. 43; M&M/Sundwerbung, Martenshagen 2016
Paries, G.: Das Ostseebad Thiessow und seine Umgebung. Thiessower Heimatbuch; im Selbstverlag, Thiessow 1926
Paries, G.: Rügensches Heimatbuch; Bode, Berlin (undatiert; als Herausgabejahre finden sich die Jahreszahlen 1926 – hier möglicherweise im Selbstverlag - und 1931)
Reiseführer durch die Insel Rügen. Die Insel Rügen. Neuester Führer mit drei zuverlässigen Spezialkarten und einer Uebersichtskarte für die Reise nach Rügen von Edwin Gauge; Verlag von Edwin Gauge, Sassnitz a. Rügen 1905 - 1906
Reiseführer Insel Rügen, Band 1128 der Miniatur-Bibliothek; Verlag für Kunst und Wissenschaft Albert Otto Paul, Leipzig (undatiert, um 1910/20)
Reisehandbuch Ostseeküste; VEB F. A. Brockhaus Verlag, Leipzig 1963
Rellstab, J. C. F.: Ausflucht nach der Insel Rügen durch Mecklenburg und Pommern. Nach der Ausgabe Berlin 1797 neu herausgegeben, erläutert und mit einem Nachwort versehen von Wolfgang Griep; Edition Temmen, 4. Auflage, Bremen 1999
Richters Reiseführer Rügen nebst Ausflug nach Bornholm; verschiedene Auflagen (1910 - 1911, 1914); Hamburg
Rudolph, W.: Die Insel Rügen. Ein Heimatbuch; Nachdruck der Ausgabe von 1953; Hinstorff Verlag, Rostock 1999
Rügensches Kreis- und Anzeigeblatt, verschiedene Jahrgänge, überwiegend zitiert in: Ostsee-Zeitung. Rügener Zeitung. OZ-Lokalzeitung für Deutschlands größte Insel; Bergen
S-r. (Schneider), K.: Der Reisegesellschafter durch Rügen; Th. Christ. Fr. Enslin, Berlin 1823 (Kopie des Originals aus der Sammlung Bielau/Lohme)
Schimmelmann, Gräfin Ad.: Streiflicher aus meinem Leben am deutschen Hofe, unter baltischen Fischern und Berliner Socialisten und im Gefängnis, einschließlich "Ein Daheim in der Fremde" von Otto Funke; Selbstverlag, undatiert (London, 1896, deutsche Ausgabe 1898), Reprint, Classic Reprints, Pranava Books, India (undatiert)
Schmidt, I.: Götter, Mythen und Bräuche von der Insel Rügen; Hinstorff, Rostock 2002
Schmidt, I.: Hünengrab und Opferstein. Bodendenkmale auf der Insel Rügen; Hinstorff, Rostock 2001
Schneider, P.: Die Insel Rügen, in: Deutsche Wanderungen. Landschaft und Volkstum in Mitteleuropa, Bd. 11; Westermann, Berlin, Braunschweig, Hamburg 1920
Schönholz, F. A. Freiherr v.: 1837 Rügen. Reisehandbuch für Besucher der Insel; W. Hausschild, Stralsund 1837 (Digitale Bibliothek MV)
Schönholz, F. A. Freiherr v.: Rügenfahrten, oder: Wie kann man, je nach Zeit und Umständen, die Insel Rügen am angenehmsten, billigsten und nützlichsten bereisen; Verlag von W. Cornelius, Berlin und Stralsund 1842 (Digitale Bibliothek MV).
Schuster, A.: Führer durch die Insel Rügen; verschiedene Auflagen (1898, 1903 - 1904, 1907 - 1908, 1913 - 1914, 1926 - 1927, 1929 - 1930); Verlag von Arthur Schuster, Stettin
Seeligs Führer. Rügen. Mit einer Uebersichtskarte, sowie Specialplänen der Stubnitz, der Granitz und der Umgebung von Putbus; Verlagsanstalt und Druckerei Actien-Gesellschaft

(vormals J. F. Richter), Hamburg 1889
Stoltenberg, A..: Auf den Spuren der Elizabeth von Arnim auf Rügen; Ullstein, Berlin 1997
Volckmanns Illustrierte Führer für Land- und Seereisen/Volckmanns Reiseführer. Band 2. Rügen; verschiedene Auflagen (1906 - 1907, 1911 - 1912, 1913 - 1914); C. J. E. Volckmann (Volkmann & Wette), Rostock/ C. J. E. Volckmann Nachf. G. m. b. H./ Volckmann, Berlin
Walter, H.: Groß Zicker. Dorfgeschichte, Chronik etc. (unveröffentlicht, 5 DVDs, ab 1939)
Woerl´s Reisehandbücher; Führer durch die Insel Rügen und Hiddensee und Ausflug nach Bornholm; verschiedene Auflagen (1902, 1911, 1935); Woerl´s Reisebücher-Verlag, Leipzig
Worm, F.: Aus der Urzeit der Halbinsel Mönchgut; Altreddevitz 1928 (Faksimiledruck, Alt Reddevitz 2006)
Worm, F.: Göhren einst und jetzt; Altreddevitz 1930
Zöllner, J. F.: Johann Friedrich Zöllner´s, Königlich=Preußischem Ober=Consistorialraths und Propstes in Berlin, Reise durch Pommern, nach der Insel Rügen und einem Theile des Herzogthums Meckelnburg, im Jahre 1795. In Briefen. Mit Kupfern und Tabellen. Berlin 1797.

Abbildungsverzeichnis

Sammlung Parchow, Sellin: S. 130 oben, 187, 196
Stadtarchiv Sassnitz: S. 44
Walter, Groß Zicker (unveröffentlichte Chronik): S. 202
Privat: S. 142
Familie Kliesow: S. 162

Die vom Autor gefertigten Fotografien im Pfarrwitwenhaus (S. 9) und in der Kirche Groß Zicker (S. 11 - 2 Abbildungen) werden mit freundlicher Genehmigung durch Herrn Pastor Olav Metz, die im Rookhuus (S. 11-13, 15) und im Heimatmuseum Göhren (S. 14, 80 - Sonderausstellung 2008, S. 118 - Sonderausstellung 2018) mit freundlicher Genehmigung durch Frau Franziska Lichtenauer (Kurverwaltung Mönchgut) veröffentlicht.

Alle anderen Dokumente Sammlung Naumann

Dank

Mein besonderer Dank für vielfältige Unterstützung und/oder die Erlaubnis zur Veröffentlichung von Fotos und anderen Dokumenten gilt

Margot Mandelkow, Klein Zicker
Franziska Lichtenauer, Kurverwaltung Mönchgut
Gerhard Parchow, Sellin
Frank Biederstaedt, Stadtarchiv Sassnitz
Pastor Olav Metz, Groß Zicker
Familie Kliesow, Lobbe